ソープランドで
イを
いました

玉井次郎

彩図社

カバー・扉イラスト：梅脇かおり

はじめに

明け方の4時頃、布団の中で俺は天井を見上げていた。

さっき洗濯したばかりのパンツと靴下が、顔の前でゆらゆらと揺れている。

煙草の煙が充満するどんよりとした息苦しいこの狭い部屋で、俺は呟いた。

「何をやっているんだ？　何でこんな生活をしている？　これが夢見ていた人生なのか？　違うだろう、俺は、こんな人生を望んで今まで生きてきたわけじゃないだろう……」

俺の名前は玉井次郎。年齢は50歳。妻と高校2年生の息子を持つ。

つい3ヶ月前までは宮城県仙台市内の飲食店で、調理師として働いていた。

しかし今、俺は妻と息子を仙台に残し、東京・吉原の「シンデレラ城」という総額8万円の高級ソープランドでボーイ、つまり男性店員をやっている。

なぜかって？

簡単に言えば、東日本大震災で職も金も失い、にっちもさっちも行かなくなってしまったからだ。

時を同じくして、シンデレラ城のボーイ2人が、無断で店を辞めた。いわゆる「飛んだ」という状況だ。

困った店は、すぐに求人広告をスポーツ新聞に掲載した。

そして、その記事を見つけて応募した俺が採用となり、ここでボーイとして働くことになったというわけだ。

現在の俺の暮らしをざっと説明すると、店が用意した「寮」という名のマンションの一室で、他のボーイ3人と共に、4人で住んでいる。

俺が入る前に飛んだボーイは2人だから、以前は5人の共同生活だったのだろう。

ちなみに、他店では6人暮らしの寮もあり、朝からトイレの順番で揉めて殴り合いの喧嘩が起きたという話を聞いたことがある。

気の荒い連中が多いのが特徴のこの業界のこと、あってもおかしくない話だ。

ボーイには、元暴走族や背中に見事な彫り物を持つ元ヤクザもん、さらには、刑務所上がりの前科者も珍しくない。

俺の入った店は、寮のリーダーが寛大な人なので、まだ恵まれているほうだろう。

仕事が終わり、寮へ向かうのは毎日夜の1時を過ぎる。

途中で、朝まで営業している弁当屋かコンビニで夕食を買ってから帰るので、それを食べるのは2時近くになる。

寮の中では俺が最も下っ端なので、風呂の順番は4番目。風呂から出ると、浴槽を掃除した後洗濯をして、寝る頃には4時近くになっている。

慢性的な寝不足と昼間の重労働、精神的苦痛で、ダイエットもしていないのに3ヶ月で6キロも痩せた。

当然、好きでやっている仕事ではなく、だから眠りに就く前はいつもいろいろと思い悩んでしまう。

しかし、ソープのボーイにしか見られないものや知り得ないことに触れる毎日は、ある意味で貴重な体験とも言える。

本書では、俺が見たソープランドの裏事情や泡姫達の実態、そして、ソープを裏で支える、悲しくも熱きボーイ達の生き様と人生ドラマをお話ししたいと思う。

俺と家族の名前、及び店名や同僚・店で働く女の子・お客の名前などについては、特定されてはまずいので仮名だが、もちろん、エピソードは全て実話である。

ソープランドでボーイをしていました　目次

第1章　どん底

投資で食っていた頃

2012年3月、俺は悩み疲れ果てていた。

自殺も考えていた。

苦しまずに死ぬ方法はないかと、インターネットで死ぬ方法を探しまくっていた。

理由は、金だ。

仕事を失い無職となり、短期のアルバイトとわずかな貯金、失業保険でなんとか食い繋いで頑張ってきたが限界だ。

住宅ローンの支払いが、もう無理だ。

俺が死んで、妻の沙織と息子の寿人に、家と生命保険金を残してやるしかないか……。

この時はそれしか頭に浮かばなかった。

プライドが邪魔して、自己破産をしてやり直せばいいなんてとても思えなかったのだ。

そもそも、俺はずっと貧乏してきたわけではない。

数年前までは、結婚当初からコツコツ夫婦で貯めてきた金と、元々あった俺の貯金と沙織の貯金、合わせて約1000万円の蓄えがあった。

この金は俺が管理していたのだが、ある時から、俺は沙織に内緒で株式投資を始めた。

初めは調子が良かった。2005年には、信用取引を利用し、小泉郵政改革の流れにも乗って、資金は当初の3倍の3000万円を超えた。

俺は天才トレーダーだ！　これで食っていける！

有頂天になり、株の売買で生活をしていけると勘違いした俺は、当時勤めていた会社を辞めた。

いわゆる「デイトレーダー」というやつになって、毎日株の取引に明け暮れるようになったのだ。

それからは、1日で300万勝ったり200万負けたりと、大味な取引を繰り返した。

しかし、俺の感覚としては、パソコンを使って、証券会社の資産評価額の数字をひたすら追うというゲームをしているようなものだった。

金銭感覚が完全に麻痺していた。

俺のやり方は「逆張り」で、株価が下げ止まったと思ったら買い、反転するのを待つという戦法だった。

信用取引ならば、資金の３倍の約９０００万というお金を動かせる。信用取引を目いっぱい使って、下げ止まったと思ったところで買い付け、上がったところで売り抜けるのだ。

この逆張り戦法で、会社を辞めてからもしばらくはかなり順調だった。

何しろ、退社から４ヶ月で、資金は４０００万を超えたのだ。

億万長者も夢じゃない……。

実は、沙織には会社を辞めたことを隠していたのだが、この頃になってやっと、デイトレーダーになっていること、そして会社員時代よりはるかに稼いでいることを打ち明けた。

もちろん、沙織は勝手に俺がそんなことをしていることに激怒した。

安定した立場と収入を捨てたのだから当然だ。

だが俺は、投資の才能があり、一生これで食えるのだということを沙織に力説した。

実際、本気でそう思っていた。

さらに１００万円を沙織に手渡し、今後は毎月50万円を生活費として渡すことを約束した。

こうして結局、しぶしぶながら沙織も納得してくれたのだった。

これでもう、会社に行く振りをしてインターネットカフェに通う必要もない。

家のパソコンで堂々と取引ができるのだ。

金を稼ぐのは何と簡単なことか。パソコン１台あれば、月に１０００万の利益を挙げられる。

俺は、人から職業を聞かれれば、「投資家です！」と自慢げに答えていた。

しかし、下げ相場になって事態は一変した。

下げ止まったと思うところで買うのだが、そこからさらに下に行く。底が抜けるという状況だ。

そんなことを何度も繰り返すようになった。

資金はどんどん減り続け、焦った俺は、より値動きの激しい新興株に資金をシフトするようになり、負けを取り戻そうとますますのめり込んでいった。

だが、一度狂った歯車は、もう元には戻らない。資金はそれからも減る一方だった。

そしてとうとう、株の取引だけで生活することは不可能になり、ハローワークに行って職を探した。

俺は調理師免許を持っていたので、幸運にも、ある大手飲食店に契約社員として就職することができた。

こうして、夢の投資家生活は2年で幕を閉じたのだった。

沙織はあきれてはいたが、薄々こうなることを予想していたようで、さほど責めてはこなかった。

しかし俺は、今までの負けを取り戻そうと、仕事をしながらも、少なくなった資金を元手に株の取引を続けていた。

こうなると、もう病気に近い。パチンコや競馬で負けが込んだ人が、どうにか取り返そうともがいて、熱くなっているのと一緒だ。

そして、こんな状態の時は、ほぼ破滅が待っているというのが定説だ。

再就職した時点で、投資の世界からは足を洗っておくべきだったのだ……。

東日本大震災

2011年3月11日、午後2時46分――。
・・それは突然来た。
凄い揺れだった。

「な、何だ!?」

その時、俺は職場である和食レストランの厨房にいて、天麩羅を揚げていた。

フライヤーの熱い油が波を打ちながら飛び出し、厨房の床が油まみれになった。

「ガスを消せ！　元栓を閉めろ！」

いつもは無口な料理長の井上が大声で叫ぶ。俺は急いで元栓を閉めた。

カウンターに積んであった食器は崩れ落ち、ホールでも、割れた食器やグラスが床に散乱していた。

揺れが凄くて身動きが取れず、俺は大型の冷蔵庫にしがみついたままだった。

半端じゃない。生まれて初めて、地震で恐怖を感じた。

動けない。

しかも、揺れは異常に長かった。

「何じゃこりゃ？　日本沈没か？」

「終わったか？」

「いや〜、凄い揺れだったなあ」

ようやく揺れが収まり、従業員が口々に騒ぐ。

俺はガスの元栓を開け、点火しようとしたが、ガスが止まっていた。

「これじゃ営業ができないよ。安全装置が作動したのかな？」

そんなふうに文句を言っていると、再び強い揺れが来た。

ガタガタガタガタッ！

俺は慌てて、再び冷蔵庫にしがみついた。

「また来た！　大きいぞ。これ、余震かよ……？」

余震も長い。普通じゃない。

電気が消えた。停電だ。

しかし、幸いにも昼間なので、窓から入る光で薄暗いながらも周りは見える。

しばらくして、揺れが収まったところで、店長の丸山が大きな声を上げながら従業員に指示を出した。

「今日は、もうお店を閉めましょう！」

いつも、本部の顔色を窺ってばかりいる小心者の丸山にしては決断が早い。彼も、この地震が尋常なものではないと思ったのだろう。

丸山の指示通り、店はその時点で閉店することになった。

とはいえ、従業員である俺達は、お客のようにすぐには帰れない。散乱したものを片付けてからだ。

ところで、家族や家は大丈夫だろうか。

心配になって携帯で自宅に電話をするが、全く繋がらない。

皆、考えることは同じで、回線がパンク状態なのだろう。

その後も断続的に続く余震の中、何とか掃除を終えた従業員一同は、ようやく帰れることとなった。

丸山から指示が出る。

「とりあえず、家に帰って待機していてください。本部から、指示があると思いますので、皆さんには後から連絡いたします」

俺は車に乗り込み、ラジオを聞きながら家に向かった。

凄いことになっている。

予想をはるかに超える被害が出ているようだ。

俺の職場は、仙台市西北の郊外でそれほどの被害はなかったが、海沿いのほうは大きな津波が押し寄せたらしい。

正確な情報はまだ分からないが、かなりの犠牲者が出ていることは確実だろう。

街が暗い。停電でネオンも信号も消えていた。大渋滞だ。


午後9時、どうにか家に着いた。

玄関のドアを開けると、懐中電灯を持った沙織と寿人が心配そうな顔で駆け寄ってきた。家族は皆無事だったのだ。

「良かった！」

そう言いながら、沙織は泣いていた。

家も無事だった。テレビがひっくり返ったのと、飾っていた額などが床に落ちているくらいで、大事には至らなかった。

ただし、電気もガスも水道も止まってしまっている。

「海沿いのほうは大変らしいよ」

寿人が言った。

携帯ラジオでは、どの局も地震のニュースを延々とやっていた。悲惨な状況が次々と伝えられる。

翌朝、まだライフラインは止まったままだった。とても寒い。

給水車が近所の小学校に来るというので、俺はポリタンクを持って水を貰いに行った。石油ストーブの上にヤカンを乗せ、お湯を作りタオルに浸して体を拭く。

当分は風呂にも入れないだろうから、このやり方で対応するしかない。

常に携帯ラジオをつけていた。

岩手では、津波に呑み込まれて壊滅状態になった街があった。

福島では、福島第一原発の1号機が爆発した。

時間が経てば経つほど、被害が大きくなっていくようだった。

「東日本はもう駄目だ」とか、「首都も移転する」とか、訳の分からない噂が飛びかった。

最寄りのスーパーに行っても、食料品がない。ガソリンスタンドが閉まっているから、車にガソリンを入れることもできない。

電気が復旧したのは、地震発生から2日後、3月14日の朝9時頃だった。

ちなみに、水道は3月末、ガスに至っては4月に入るまで使えなかった。

テレビがつくようになると、震災のニュースをひたすら見るという数日間を過ごした。

ガソリンスタンドがいつ再開するか分からないので、むやみに出かけられないのだ。

幸い、沙織の実家が農家だから、米や野菜は手に入る。ありがたい。

そんな時、ふと、部屋のパソコンに目が行った。

そうだ、俺は株の取引をやっていたのだ……あまりに異常な状況の中で、すっかり忘れてしまっていた。

慌ててパソコンのスイッチを入れる。インターネットは普通に繋がった。

画面を見ると、大変なことになっていた。

信用取引を使い、たっぷりと買いで勝負していた俺は、奈落の底へ落ちた。

一時期4000万円もあった軍資金は、200万円を切っていたのだ。

東スポの求人広告

当時、生活費、住宅ローン、車のローン、サラ金の返済などを合計すると1ヶ月に30万近くが必要だった。

しかし、俺の給料の手取りが交通費込みで18万、沙織のパート収入が6万。

2人合わせても24万にしかならない。

もちろん、今後投資に手を出すつもりはないが、毎月赤字で、貯金が200万しかない状況では、いずれ食い詰める。

しかも、悲劇は株での大損だけで終わらなかった。

震災から数日後、職場から電話が来た。店長の丸山だ。

店を再開したので、出勤してくださいという話かと思いきや、まるで逆だった。

何と、解雇通告を受けたのだ。

職場も地震で大きな被害を受けたため、正社員以外は全員解雇するのだそうだ。

実際、店の存続自体危ないという話で、「後日、説明会があるので出席してください」と丸山は言った。

愕然とした。沙織と寿人に何と説明したらいいのやら……。

途方に暮れていると、沙織も、震災の影響でパートを解雇されたと言う。

泣きっ面に蜂とはこのことか。

そういえば、今年は車検も2台ある。

目の前が真っ暗になるが、夫として、父親として嫁と子供をホームレスにするわけにはいかない。

何とか心を奮い立たせ、ハローワークに通う日々を送った。

だが、ハローワークは震災で失業した人で溢れていて、50歳の俺は相当不利だった。

書類を何十通送っても、全部書類審査で不採用になる始末。

しばらくは、失業保険と貯金で何とか食い繋ぐしかない。

短期のバイトを見つけては働いた。

夏が来て、暑いと思っていたら秋が来てすぐ冬になった。

それでも、正社員の仕事は見つからなかった。

相変わらず短期のバイトを続けながら、ギリギリの生活をしていた。

歳を取ると時が経つのが早い。無我夢中で駆け抜けたせいもあるだろうが、気がついたら、あの震災から1年近くが過ぎていた。

失業保険は先月で切れた。貯金も残りわずかだ。

万策尽きた……。住宅ローンが払えなくなる。家が取られる。

自転車に乗って、道路に倒れこみダンプにでも轢かれれば、家族に慰謝料と保険金がたっぷり下りるかな？　本気で1日中そんなことを考えていた。

本屋に行っては、神頼みのような本を立ち読みしまくるということもやった。

潜在意識を活用して願望を叶える方法、守護霊にお願いして願望を叶える方法、引き寄せの法則……とにかく、「願えば叶う！」系の本を大量に読んだ。

藁にもすがるとはこのことだ。

俺は毎日、「ツイてる」「ツイてる」と呟き続けた。

試すのはタダだから、言霊のパワーを信じようとしたのだ。


そんなある日のこと、朝から降る雨の中俺はハローワークに行き、いつも通り何の収穫も得られず肩を落とし、地下鉄で家に向かっていた。

車内で、何気なく網棚を見ると、スポーツ新聞が置かれていた。

「お、東京スポーツか」

俺は昔から東スポが好きだった。格闘技や下世話な記事が満載で読み応えがある。

俺はその東スポを家に持って帰り、コーヒーを飲みながら漠然と読んでいた。

そしてたまたま目に入った、求人欄に乗っていた数字を見て思わず声を上げた。

「ん？　給料57万？　何じゃこりゃ!?」

詳細を見ると、吉原のソープランドの男性従業員募集広告であることが分かった。

風俗って、男でもこんなに貰えるのか？

〈笑顔、常識のある方、お客様の立場になって仕事のできる方募集。28歳で40万円、40歳で57万円（K）〉

マジかよ！　しかも、高給なのはこのK店だけではない。O店もなかなか凄い。

これは希望の光かもしれない……神は俺を見捨てなかった。

激務かもしれないし、人に言うのも憚られる職業だが、もはや、生きて息子の成長を見るためにはこれしかない！

こうして、震災から丸1年後の２０１２年3月、俺は、東京・吉原に出てソープランドで働くことを決意したのだった。

面接

俺は深呼吸をし、覚悟を決めて、まずはK店に電話を掛けた。

しかし、50歳であることを告げると、簡単にあしらわれてしまった。

「体力が続かないと思いますよ。40代前半までですね」

続いてO店にも電話するが、こちらも年齢で門前払いになった。

駄目か……全身から力が抜けた。

風俗にも年齢制限があるとは。人生は甘くない。

窓から外を見ると雪がちらついている。

「なごり雪」か。イルカの名曲を思い出して、何だか物悲しい気分になりながらも、俺はコーヒーを入れ、改めて新聞をじっくり読み返してみた。

〈年齢不問、やる気重視給料40万円（シンデレラ城）〉


ん？　年齢不問もあるじゃないか！

気を取り直し、駄目元だと思いながらも、俺はシンデレラ城に電話を掛けた。

「もしもし、スポーツ新聞の求人欄を見て電話したのですが、まだ募集しておりますでしょうか？　私、年齢が50歳になるのですが……」

すると、思いもかけぬ丁寧な口調で返事が返ってきた。

「大丈夫ですよ。まず、面接に来ていただきたいのですが、いついらっしゃいますか？」

俺には、それが天使の声に聞こえた。


それから数日後、俺は上京し、ＪＲ鶯谷駅北口の前に立っていた。

もうすぐ、迎えの車が来るはずだ。

緊張で手に汗がにじむが、ここまで来たらやるしかないんだと自分に言い聞かせる。

すると、１台の黒いベンツが近づいてきた。おそらくこの車だ！

「玉井さんですか？」

車から降りてきた、40代前半くらいの男が声をかけてきた。

黒のスーツで、すらっとしていて目は鋭い。

「は、はい！　よろしくお願いします」

俺は上擦った声で答えた。

男はニヤリと笑いながら、「どうぞご乗車ください」と言った。

一見ホスト風でいい男だが、どこか冷たい印象を受ける。

これが、先輩ボーイ・岩田との初めての出会いだった。

それにしても、男性従業員の面接のためにこんな高級車でお出迎えか……車中でそんなことを考えていると、数分後には店に到着した。

待合室に通され、待つこと5分。店長のお出ましだ。

どんなコワモテかと思っていたのだが、予想に反し、小柄で人の良さそうな人だった。

喋り方も優しく、初老の紳士といった雰囲気だ。

「履歴書と、身分を証明するものはありますか？」

「はい。持ってきました」

俺は、履歴書と免許証を鞄から取り出して店長に手渡した。

「ではお預かりします」

店長は、それらを持ち、部屋から出ていってしまった。

それと入れ替わりに、目がクリクリとした、巨漢のボーイが飲み物を持ってきた。

「麦茶です。どうぞ」

男は、片膝をつきながらテーブルの上に麦茶を置いてジロッと俺を見た。「目力」が強い。

「あ、ありがとうございます。いただきます」

俺は恐縮しながら麦茶を一口飲んだ。

そして、巨漢ボーイは退室し、再び店長が部屋に戻ってきた。

面接が始まる。

「この仕事を選んだ理由は？」

「はい、住宅ローンの支払いが苦しくなり、どうしても高給を取れる職業に就きたかったからです……」

俺は、見栄も外聞もなく今までのいきさつを全て正直に話した。

「なるほど、分かりました。では、まず条件面の話をします」

俺の話を聞くと、店長は最初に金の話を始めた。

「給料の話からしましょう。最初の月は日給1万円です。ただし、食事代として毎日3000円お渡しします。ですから、残りの1日7000円を給料日にまとめて支払います。そこから所得税と月3日の休みの分を引いて、実質、月給は手取りで26万ちょっとですね。次の月からは手当てがついて、手取りで大体30万になります」

ん？　広告には「給料40万円」と書いてあったはず。かなり違うぞ。

俺は率直に聞いてみた。

「それだと、新聞に書いてあった条件と違うのですが……」

「ああ、あれは仕事ができるようになって、役職がついてからの話なんですよ」

えっ？　それはないだろう。

しかし、俺はインターネット上の情報を思い出した。

こういう店では仕事が続かない奴も多く、真面目に働いていればすぐに役職がつき給料も上がって、上手くいけば3年ぐらいで店長になることもあり得るとか書いてあったな……。

それに、今は震災特例で、1年間住宅ローンの支払いをストップしてもらっている。

その間頑張れば、案外すぐに役職にもついて給料も上がるかもしれない。

第一、俺はソープランドで働くという決意をして、わざわざ東京まで面接に来たのだ。

店長は言った。

「寮費は無料。水道光熱費も無料。貯める気になればお金は貯まりますよ」

「頑張ります！　働かせてください！」

気がつくと、俺はそう叫んでいた。

第2章　50歳の新人ボーイ

上京

「休みは月3回、社会保険や雇用保険はありません。勤務時間は朝11時から夜12時半までで、休憩は1時間です。寮はここから自転車で5分ぐらいで、自転車はお貸しします。寮では、1部屋に2人で住むことになります。勤務時の服装はスーツ着用で、これは自前です。それと、絶対に店の女の子に手を出してはいけません。御法度です」

シンデレラ城で働く条件として、店長が語った内容は大体そんなところだった。

沙織にはソープランドで働くとは言わず、「東京で住み込みの仕事が見つかった。給料もいいし、毎月仕送りをするから安心してくれ」とだけ伝えた。

そして2012年4月上旬、ついに俺は必要最小限の荷物だけを持って、仙台を後にしたのだった。

さて、ご存知の読者も多いと思うが、ここで吉原という街について簡単に説明しておきたい。

吉原は江戸時代から続く色町で、戦後の赤線時代を経て、現在は日本最大のソープランド街となっている。

その数およそ140軒。

最寄りと呼べるほどの駅はなく、最も近い地下鉄日比谷線の三ノ輪駅から徒歩で十数分かかるが、多くの店が送迎サービスを行っているので、頼めば、山手線の鶯谷駅や日暮里駅、あるいは浅草などに迎えに来てくれる（もちろん帰りも送ってくれる）。

ちなみに、「吉原」という地名は現在残っておらず、現在の住所で言うところの台東区千束4丁目と3丁目の一部が、吉原と呼ばれている場所である。

新幹線で東京に向かった俺が、上野駅に着いたのは午前11時頃。

それから山手線に乗り換え、隣の鶯谷駅に到着した。

「到着しました」と、店に連絡してから待つこと15分、黒のベンツのお出迎えがやってきた。

身が引き締まる。

迎えに来てくれたのは、先日とは違う人で、ちょっと渋めの年配の男だった。

「玉井さん？　さあ乗って。荷物はトランクに入れて」

無愛想だが、飄々としていて悪い感じはしない。

「今、玉井さんを車に乗せました。店に帰ります」

迎えに来てくれた男がシンデレラ城に連絡を入れる。

それから、車内では特に会話もないまま、以前と同じように数分で店に到着した。

ついに来た……。

ここが俺の職場なのだ。不安と期待感が入り混じり、何とも言えない気持ちになる。

店の中に入ると、店長が笑顔で迎えてくれた。

荷物を備品庫に置き、さっそく店内に向かう。

まずは店長が名を名乗り、同僚のボーイ達を次々紹介していく。

店長の名前は井沢。それから偉い順に、マネージャーの堺、サブマネージャーの穂積、主任の西村、先輩ボーイの岩田、そして大木。ちなみに、さっき俺を迎えに来てくれたのはサブマネージャーの穂積だった。

俺も、緊張の中自己紹介をする。

「た、玉井と言います。よろしくお願いします」

そして、挨拶もそこそこに、さっそく店に出ることになった。店長が言う。

「今日は初日なので、仕事の流れをよく見ていてください。基本的な動きは、先輩に教えてもらってください」

「は、はい！」

50歳の新人吉原ボーイの誕生だ。

仕事初日

店長の言う通り、俺は先輩達の指示に従いながら走り回った。

洗い物、備品の補充、清掃、接客……。

1階と2階を、何十回も上り下りするのだが、スーツにネクタイもきっちり締めて、この動きは結構きつい。

そんなことを思っていると、先輩ボーイの大木が話しかけてきた。

「玉井、仕事初日が暇な日で良かったな！」

半年前に入店したという大木は、俺より3つ上の53歳。

身長が190センチを超える大男で、エラの張った四角い顔に角刈りというかなり迫力のある風貌だ。

大木は、シンデレラ城に来る前はサウナに泊まりながら1年近くパチンコで生計を立てていた。また、若い頃は「B」という有名な暴走族チームに所属し、暴れ回っていたという。

そして、バツ2なのだそうだ。

しかし、俺にとっては一番身近な先輩だし、実際、大木は不器用な俺を何かとサポートしてくれるいい兄貴分となってくれたのだった。

夜も更けて、最後のお客様をお見送りし、空いた部屋を掃除して備品を補充。その後、主任の西村が部屋を点検して、実務は終了した。

それから終礼が始まり、店長から今日の反省、明日の予約状況、明日の女の子の部屋番などといった話があり、最後に食事代の3000円を貰った。

聞いていた通り、日給は1万円だがこのように毎日3000円が支給され、残りの7000円×出勤日数分は、給料日にまとめて支払われるという。

給料日は毎月10日。月給も手渡しなのだそうだ。

ともあれ、初日の仕事が終わった。

シンデレラ城から寮までは、店が貸してくれた自転車で帰る。

寮に帰る途中、大木に連れられ、行きつけという弁当屋で一緒に夕食の弁当を買った。

価格は何と250円！　激安だが、結構ボリュームがあってお買い得だ。

しかも、弁当屋は24時間営業らしい。

「消費税コミデ、262円ニナリマス」

弁当屋の店員は、片言の日本語で俺に弁当を渡した。どうやら中国人のようだ。

こっちに来て驚いたのは、アルバイト店員に中国人がやたら多いということ。

この弁当屋だけではなく、コンビニに行っても中国人の店員がレジに立っているのをよく見かける。

その後、100円ローソンで朝食用の菓子パンと冷えたビールを買い、大木の自転車の後を追って、寮へと向かった。

寮に着くと、先輩ボーイの岩田と主任の西村が待っていた。

岩田は、面接時に俺を鶯谷まで迎えに来てくれたホスト風の男だ。年齢は40歳。後に判明するのだが、岩田はかなり性格が捻じ曲がっていて、立場が上の者には媚びへつらい、下のものには威張り散らすという厄介な男だった。

私生活のことは一切話さないので、以前何をやっていたかなどは分からない。

ちなみに、一見痩せて見えるが、裸になれば中年らしく下っ腹が異常に膨らんでいる。

一方、主任の西村は90キロを超す巨漢だ。クリっとした目をしていて、どことなく愛嬌がある。

面接中、俺に麦茶を出してくれたのが西村だった。

西村は、黙っていれば「森のクマさん」という感じだが、仕事中はいつも冷静沈着で、的確な指示を出す。

年齢は48歳。大卒で、昔は会社を経営していたが不渡りを出してしまい、倒産したらしい。今は給料のほとんどを、妻と子供に仕送りしているとのことだ。

店長は、「2人で1部屋」と言っていたので、俺はてっきり大木と2人暮らしなのかと思っていたが、実際は2DKのマンションで、1部屋あたり2人という意味だった。つまり4人暮らしだ。

カッコよく言えば「シェアハウス」なのかもしれないが、要するに上手くだまされただけだ。

玄関を入って左手がキッチンで、冷蔵庫がある。

その冷蔵庫の横にはカラーボックスが置かれ、調味料などがいくつも並んでいる。カラーボックスの上には、オーブントースターが乗っていた。

「調味料やトースターは自由に使っていいからな。もちろん、包丁もあるし茶碗やコップもある。ここには、生活に必要なものは全部揃っているし、足りないものがあれば、店のお金で買い揃えてくれるから大丈夫だ」

西村が自慢げに言う。

キッチンにはテーブルがあり、食事はここでとるらしい。大きなテレビもある。

キッチンの奥には8畳ほどの畳の部屋があり、そこは西村と岩田の寝室なのだそうだ。

ふすまが取り外してあり、布団が畳んであるのが見えた。

一方、玄関を入って真っ直ぐ進むと左に風呂とトイレがあり、突き当たりには6畳間がある。

ここが俺の住む部屋となるらしい。大木と相部屋だ。

6畳間には2段ベッドが置かれ、下は大木の寝床となっている。

テレビはなかったが、布団は新品が用意されていた。

「玉井は上に寝ろ！」

大木がそう言うので、2段ベッドの上が俺の寝床になった。

改めて部屋のあちこちを見てみると、西村の言葉通り、確かに生活必需品はあらかた揃っている。

洗濯機や電子レンジももちろんあり、シャンプーやボディソープ、ヒゲソリなどの日用品は、足りなくなったら店から持ってくるので買う必要はないそうだ。

また、汚れたバスタオルなどは、溜まれば店へ持っていき、店の汚れ物と一緒にクリーニングに出すのだという。

4人で夕食を食べた後は、入浴タイムとなったが、下っ端の俺はもちろん最後に入ることとなる。

主任の西村、岩田、大木が入ってから、ようやく入浴できるのだ。

風呂から上がると、浴槽の掃除をして、最後に風呂に水を張り、明日の準備をしておく。水が溜まるまで、15分はかかるだろう。

風呂に水を張るのは、翌日、仕事の休憩中にいったん寮に帰ってきたボーイが点火さえすれば、お湯が温まるようにしておくためだ。

さすがに点火しっぱなしは危険なので、店に戻る際にはスイッチを切るのだが、ボーイの休憩は順番なので、全員がそれをすれば、お湯はなかなか冷めない。

こうしておくことで、夜、全員が寮に戻ったときに、すぐに風呂に入れるというわけだ。

皆はもう寝ている。俺はただ水が溜まるのを待つ。眠い。

初日の夜は、3時半頃布団に入ることができた。

かくして、個性溢れる訳あり中年男4人の共同生活が始まったのだった。

覚えることが多過ぎる

翌日から、慌しい毎日が待っていた。

朝食に菓子パンを食べ、寮のごみ袋を持って自転車で店へ向かう。寮から店までは、5分もかからない。

朝からボーイの仕事は満載だ。

まずは清掃からスタート。広い店内の1階2階をほうきで掃き、髪の毛が1本でも残っていれば怒鳴りつけられる。

とはいえ、どんなに綺麗に掃除をしても多少のごみは残る。

ま、掃除で怒られるのは、機嫌の悪い先輩のストレス発散みたいなものだ。

掃き掃除が終ると、モップで床を拭きあげる。

その後はトイレ掃除だが、これも大変だ。

便器、壁、床を丁寧に拭いていく。鏡にはガラスクリーナーを吹きかけ、乾いたタオルでピカピカにする。

「3分以内に終わらせろ！」

岩田が吠える。だが、どう考えても5分以上かかる。

結局、多少手を抜かなければ、3分以内には終わらないのだ。

トイレ掃除が終わると、店の玄関前に置かれた装飾品やガラスを拭く。

続いて、店の外の掃き掃除、ドリンク類の補充、送迎車の洗車……その他にも細々した仕事が沢山ある。

11時に出勤して、12時15分までにはこれらを全て終わらせなければならない。

額の汗を拭き、ソープ嬢の出勤を待つ。

しばらくすると、玄関前にタクシーが止まる。女の子（ソープ嬢）が出勤してきたのだ。

現在の「立ち番」は岩田だ。店内に向かって声をかける。

「有紀さんご出勤です！」

中にいるボーイ達も、それに合わせて一斉に声を上げる。

「おはようございます！　今日も1日、よろしくお願いします！」

出勤してきた女の子には、主任の西村が部屋番号を指示する。

「有紀さん、今日は1階の3番のお部屋です」

有紀嬢は頷いて1階の3号室へ向かう。ショートカットで笑顔がかわいい。

その後も、女の子のご出勤は次々続く。

ここで、岩田がやっている立ち番という仕事について説明しておこう。

立ち番とは、玄関前に立ちお客を迎えたり、送り出したり、店の前を歩いている人達に声をかけて客引きをするという役目だ。

また、変な輩が入ってこないよう、ガードマンの役目もしなければならない。

なお、客引き行為は条例で禁じられているが、店の敷地内ならば一応ＯＫなのだそうだ。

逆に言えば、店から数歩出て声をかけると客引き行為とみなされるのだが、地回りのヤクザもんや私服の警察官も巡回しているから始末が悪い。

玄関から出て、追いかけて呼び止めたら警察官だったために、そのまま連行されたボーイが何人もいるという。

　下手をすれば、それが原因で営業停止もあり得るらしいが、それでも立ち番は積極的に客引きをしなければならない。

　予約の少ない平日の暇な日などは、マネージャーの堺から怒号が飛ぶ。

「立ち番は死ぬ気で客を引け！　まだ1本も取れてない子がいるんだぞ。お茶を挽かせて帰すつもりか！」

「お茶を挽く」とは、客がつかなくて女の子が暇な状態のこと。江戸時代の吉原では、客のいない暇な時間に、遊女が実際にお茶を挽いていたそうだ。

　ともあれ、立ち番も楽じゃない。4月の今はまだいいが、夏になったら大変だ。直射日光を浴び、コンクリートの照り返しをもろに受けながら表に立つ。もちろんネクタイはきっちりと締め、スーツの上着も着たままだ。

　むろん、交代しながらではあるが、いつ熱中症で倒れてもおかしくない。しかし、労災が出るわけではないので、倒れても治療費は支払われず、店を休めばその日の分の給料はゼロだ。

　そう、我々は日雇い労働者なのだ。体調を崩し、何日も仕事を休んでしまえば、そのままクビになることだってあり得る。

そうこうしているうちに、最初のお客様のご来店だ。

今日は、サブマネージャーの穂積が所定の駅まで送迎車で迎えに行き、店へお客をお連れする。

送迎車が店の近くに来ると、フロントに電話が入ることになっている。

この電話で、フロントからボーイ達に声がかかる。

「ご到着です！」

俺は、おしぼりを持ってお客を待合室に案内する役目だ。

送迎車が玄関前に到着すると、立ち番の岩田が店内に向かって声をかける。

「お客様ご到着です！」

送迎車から3人のお客が降りてきた。

3人といっても、彼らは友達同士ではない。

シンデレラ城には送迎車が1台しかないので、数名のお客を同時に店まで運ぶこともあるのだ。

ちなみに、忙しいときなどはお客にタクシーで来てもらうよう頼み、運賃はこちらが支払うということもする。

さて、店の中にいる俺達も、お客の姿を確認したら大きな声でご挨拶だ。

「いらっしゃいませ！」

俺はお客達を待合室へお通しし、3人分のおしぼりを持って接客対応する。

片膝をつき、目いっぱいの作り笑顔でおしぼりを手渡す。

「どうぞ、おしぼりをご利用くださいませ！」

続けてドリンクをお勧めする。もちろん無料サービスだ。

ドリンクメニューを見せ、お客に選んでもらう。

「じゃ、トマトジュースで」

「かしこまりました。トマトジュースでございますね。少々お待ちくださいませ！」

お辞儀をして立ち上がると、膝の関節がポキポキと鳴った。

仕事を始めてからというもの、毎日かなり歩き回っているので、膝にきているのだろう。

他の2人のお客のオーダーも聞き、頭の中で確認しながら待合室の出口に向かう。

「失礼いたしました！」

お客様に一礼し、俺は待合室を出た。

シンデレラ城が用意しているドリンクは、20種類以上もある。

したがって、ストローをつけるものとつけないもの、シロップやミルクを置く位置、アイスティーにはレモンもしくはミルクが必要、トマトジュースにはタバスコと塩をつける……など、ドリンク関係だけでも、覚えることがかなりあるのだ。

もちろん、その他にも覚えなければならないことが山のようにある。

50を過ぎると、新しいことを覚えるのは大変だ。記憶力が相当落ちているのを、ボーイになって痛感した。

「玉井、女の子の名前を覚えたか？」

ドリンクを用意していると、大木が聞いてきた。

「いえ、まだ覚えてません」

「アルバムがあるから、見て覚えろ！　まだ覚えてないのかってマネージャーに怒られるぞ！」

「かしこまりました！」

実は、これも歳のせいなのか、店の女の子の顔が皆同じに見えるのだ。

アイドルの顔が似たり寄ったりに見えるのと一緒で、認識能力も非常に衰えているのだろう。困ったものだ。

当然、いろいろとメモも取っていて、覚えていないことはそれで確認するようにしているのだが、忙しければメモ帳を見る余裕さえない。

そんなときは、マネージャーの堺に、決まり文句で罵倒される。

「何回教えたら覚えられるんだ？　仕事が遅い！　給料は一流、仕事は三流じゃ困るんだよ！　変わりはいくらでもいるんだぞ」

思わず目に涙が滲む。

だけど、こんなことで負けてたまるか！

怒られても、少しずつ前に進まなければ……。


小さめのお盆にコップを載せ、氷を入れてトマトジュースを注ぐ。

さらにタバスコと塩、ストローをつければ、完成だ。

待合室のドアをノックする。

「失礼いたします」

片膝をつき、目いっぱいの作り笑顔で声をかける。

「お待たせいたしました。トマトジュースでございます」

立ち上がると、また膝の関節がポキポキと大きな音を立てた。やっぱり膝がヤバい。

「失礼しました」

お客様に一礼して待合室を出ると、そこへ岩田が近づいてきた。

「玉井、失礼しましたじゃないだろう！　失礼いたしましただろう!?　人の話をちゃんと聞いてんのかよ？　何回も言わせんな、このボケ！」

えらい剣幕で怒鳴りつけられた。

店では、岩田が口も性格も一番悪い。とにかく何をやっても怒られる感じだ。

俺だって一生懸命やってんだ！　そんな言い方されたら、やる気がなくなるだろう⁉

そう言い返したいところだが、ぐっとこらえて頭を下げる。

「すみませんでした！」

金を貯めるためには、とにかく我慢し続けるしかないのだ。

高級店に来るお客達

シンデレラ城は高級店ということで、料金が高い。２時間で８万円だ。

この店で働く前、こんなに高くてはさほど忙しくないだろうし、お客もポツリポツリだろうと俺は思っていた。

ところがどっこい、びっくらこいた。

お客の中には、毎週来る人もいるし、週にきっちり２回来る人、ダブルやトリプルを平気で予約する人もいる。

ダブルというのは、時間も２倍、料金も２倍。トリプルなら６時間で24万円だ。

ちなみに、４回分で32万円以上になると、店の外に連れ出して１日ゆっくりデートができる。

女の子と食事をしたりショッピングをしたり、そしてホテルに行ったりと恋人と過ごしているかのようにふるまえる。

俺は正直、他にもっとお金の使い道があるんじゃないの？　と思っていた。こんなところに月に何回も来る余裕があるなら、自分を高めるためにもっと建設的なことにお金を使ったほうがいいんじゃないか？

とはいえ、お金持ちにはお金を沢山使ってもらうのが日本経済には良いだろうから、それはそれで、この人達も社会に貢献しているのかもしれない。

また、ボーイ達の給料も出ているわけだし、ま、男のスケベ心は永遠に不滅ということなのだろう。


「あの奥のソファーに座っているお客さん、月給が300万だそうだ」

真面目な顔で、西村が教えてくれた。

「領収書を切ってくれ」

どうやら、そのお客は会社の経費として落とすらしい。こういうお客もいる。

むろん領収書の名前はソープではなく、実在する飲食店の領収書だ。

店がどこから領収書を入手したのかは分からないが、これはハッキリ言って、私文書偽造という違法行為ではないのか？

また、「支払いはカードで」と言うお客もいる。

ソープでカードが使えるの？　と思う読者もいるかもしれないが、これが使えるのだ。吉原には、「カード屋」というのが存在しており、お客が「カードで支払う」と言えば、カード屋に電話を掛けて店まで呼ぶ。

すると、アタッシュケースを持った背広姿の男がすぐに飛んできて、カードを切る。これに関しても、カードの使い道としてソープランドの店名が明細に出ることはない。詳細なシステムは俺にもよく分からないが、インターネットで調べてみると、どうやら、カード会社の加盟飲食店とカード屋、そしてソープランドが手を組み、加盟飲食店でカードを使ったことにしているようだ。

新人はつらいよ

3階建てのシンデレラ城には、部屋が全部で10室ある。

1階に3室、2階に7室で、基本的に2階の部屋を中心に使う。ちなみに、3階は備品庫・倉庫となっている。

2階まで上ると、階段脇の廊下が右に曲がり、またすぐに右に曲がっている。そこには長い廊下が続く。

曲がってすぐの右側にトイレがあり、廊下を挟んで右側に3室、左側に4室部屋がある。

廊下の奥には、タオルが積まれた部屋があり、カーテンで仕切られている。ここはタオル庫と呼ばれている。

部屋の使い方だが、基本的には女の子が1日中同じ部屋に入り、その部屋の主人となってお客様をおもてなしする。

具体的な流れは以下の通りだ。

まず、女の子に指名が入ると、フロントからその子の部屋に電話が掛かる。

すると女の子は準備を整え、階段を下りて、1階の待合室の前に立つ。

ここでお客とご対面し、女の子がお客の手を握り、階段を上って自分の部屋へ連れていく。

そして、いよいよプレイが始まるというシステムだ。

ちなみに、女の子達は空き時間を利用して食事も「自分の部屋」で食べる。

一方、1階の様子はこのような感じだ。

女の子の準備が整った部屋ができると、主任の西村が「ご案内入ります！」と声を上げる。

続いて、ボーイ達が「お願いします！」と声を揃える。

そして、西村が待合室のドアを静かに開け、お客に声をかける。

「田中様、お部屋の用意が整いました。こちらの階段を上がって2階のお部屋となります」

田中様は待合室から出て、女の子とご対面だ。

2人は手を繋ぎ、21段ある階段をゆっくりと上っていく……。

その後ろ姿を見ながら、西村が声をかける。

「本日のご来店、誠にありがとうございます。お時間まで、どうぞごゆっくりお入りくださいませ！」

他のボーイも一斉に声を上げる。

「いってらっしゃいませ！」

なお、お客が本指名（以前ついたことがある女の子を再び指名して入ること。女の子は取り分が多くなる）で入った場合には、「本日のご指名ご来店誠に……」となる。

俺は、フロントへそう声をかけると、階段を静かに上った。

「入室確認入ります！」

入室確認とは、お客と女の子が2階の部屋に入り、ドアを閉めるのを確認する作業のことだ。

そっと後ろからついていき、部屋に入るのを見届けたらフロントへ報告する。

別のお客と女の子のペアと店内でかちあわないようにするために行われるのだ。

もちろん、ほとんどのお客はすぐに部屋に入るが、中には、部屋に入る前に2階の廊下で「行為」を始める者もいるからたまらない。

それが終わるまでは、他のお客のご案内や退室を止めなければならなくなるし、あまりに長引くようなら、他の仕事にも支障が出るのでやめさせなければならない。

そんな時には直接言うのではなく、大きな音を立てながら階段を上ったり下りたりして女の子に合図を送り行為をストップしてもらうのだ。

2人が部屋へ入り、ドアが閉まったらすぐに階段を下りてフロントへ報告する。

「入室OKです！」

報告を受けたフロントは、プレイが終了して待っている個室に電話を入れ、あがり（退室）の指示を出す。

これを受けて、お楽しみが終わったお客と女の子が、誰もいない廊下をお手々繋いで歩き、階段を下りるのだ。


入室確認を終えた俺は、お客の飲み残しのドリンクを下げに待合室に向かった。

洗い場に行くと、コップや湯呑みが山のように溜まっている。

洗いものは基本俺の仕事。

おかげ様で手がガサガサになり、パックリとひび割れができてしまった。

「オーダーお願いします！」

フロントにいる店長から指示が出る。

「玉井さん！　4号室にアイスコーヒーとウーロン茶を持っていってください」

他のボーイ達とは違い、店長は誰に対してもどんな時でも、「さん付け」だ。

「かしこまりました！」

俺は、急いでアイスコーヒーとウーロン茶を作り、階段を上って4号室へ行く。

待合室のお客に出す飲み物だけではなく、プレイの合間、休憩中の2人へ出す飲み物も持っていくのだ。

部屋の前には「置き台」があり、ドリンクはそこへ置いてくることになっている。もちろん、飲み終えたグラスを下げるのもボーイの仕事。

そしてこのとき待ち構えている試練が、2階へと続く21階段、そして3階へと続く17階段だ。

この階段の上り下りが非常にきつい。

忙しい日は何十回も階段を上り下りする。

入室確認や飲み物関連だけではなく、「セットカバー（部屋の清掃）」、ソープ嬢の食事運び、「食事バック（食器下げ）」、お客から頼まれた買い物、備品の補充などなど。

1階、2階、1階に下りて次は3階……かなりつらい。

膝はガクガク、太ももはパンパンになり、玉のような汗が流れ落ちる。

その合間に、フロントから声がかかることもある。

「玉井さん、買い物お願いします。コンビニで、鮭とイクラのおにぎりを買ってきてください。領収書は聖子さんでお願いします！」

店長から500円玉を渡された。

「かしこまりました！」

シンデレラ城では、何を頼まれても、返事は「かしこまりました」という決まりだ。

外は雨が降っていた。

俺は傘を差しながら自転車に乗り、女の子の昼食の買い出しに向かった。

まるでパシリだ。思わず愚痴が出る。

「おにぎりぐらい、出勤する時に買ってこいよ聖子！」

ワイシャツをびしょ濡れにしてコンビニまで到着したはいいが、イクラのおにぎりが売り切れていたので、すぐに店へ電話を入れる。

「イクラのおにぎりがないんですが、どうしますか？　ツナマヨならあるんですけど……」

いちいちお伺いを立てなければならない。

「それでいいです。早く帰ってきてください！」

「かしこまりました！」

急いで店へ戻り、おにぎりと領収書をフロントへ渡そうとすると、店長は階段を指差した。

「じゃ、それを7号室の聖子さんのところへ持っていってください」

「かしこまりました！　7号室、お食事手渡し入ります！」

直接女の子に物を届けることを「手渡し」というのだ。

買ってきたおにぎりとミネラルウォーター、そしておしぼりをお盆に載せて、21段の階段を駆け上がる。食事の時は、おしぼりとミネラルウォーターをつけるのが決まりだ。

7号室の部屋をノックすると、ゆっくりドアが開いた。

「お食事です！」

「ありがとうございます」

聖子嬢におにぎり、ミネラルウォーター、おしぼりが載ったお盆を手渡しする。

「失礼しました」

俺は、お辞儀をしてすぐに引き返した。原則、女の子との会話は禁止だからだ。

それから、2階の廊下全体を見渡す。

「あった」

5号室の置き台の上に、飲み終えたドリンクのグラスが置いてあったので、それを持って1階に下りる。

「7号室手渡し、それと2階オーダーバック完了しました！」

空のドリンクを下げることを「オーダーバック」という。

このように、何か行動するとき、または行動を終えた後は、必ず逐一フロントへ報告しなければならないことになっている。

要するに、ボーイ達は監視されているのだ。


手が空けば、備品補充の仕事や清掃をする。

「お前、何やってんだ！」

岩田が突然怒鳴ってきた。

「何やってんだって聞いてんだよ！」

俺はその時、マット用のピンク色のローションを、大きいボトルから小さいボトルに詰め替える作業をしていた。

怒鳴られるようなことはしていないはずなので、キョトンとしながら答える。

「ローションを補充していたんですが」

「今、ローションのボトルをタオルで拭いてただろうが！」

俺は、岩田が何を言っているのか分からず戸惑ったが、どうやら、ローションを入れ終え、少しローションが垂れたキャップの縁の部分を拭いていたことが気に入らなかったようだ。

「はい？」

聞き返すように返事をすると、岩田が切れた。

「はい？　だと。てめえ、俺を馬鹿にしてんのか！」

「いえ、縁のところが少しベトついて汚れたので拭いていたんですが、悪かったでしょうか……？」

「言い訳すんな！　口答えすんじゃねえ！　ローションをこぼしたんだろう？　ローションの詰め替えもできねえのかお前は？　それに、まず『すみません』だろう？　謝れ!!」

それからしばらく罵声を浴びせられ、俺はただ謝るばかり。

この世界は厳しい縦社会。

理不尽でも、先輩の言うことは絶対だ。

反抗する時は辞める時。今の俺は、何を言われてもじっと耐え続けなければならない。

岩田が去った後、1階に下りると、また別の先輩から怒鳴られた。

「備品補充すんのに何十分かかってんだよ！　なめてんのか、ボケ！」

岩田に捕まっていたとも言えず、再び罵倒の嵐。

何をやっても怒られる。人間としての尊厳がズタズタだ。

俺が入る前に二人飛んだ理由が分かったよ。

ま、暴力がないのがせめてもの救いか……。

時はゴールデンウィーク真っ只中。

ディズニーランドのシンデレラ城も賑わっているだろうが、俺は吉原のシンデレラ城で、悪戦苦闘していたのだった。

部屋の清掃

怒涛のように「セットカバー」が続く日がある。

セットカバーとは、営業中、女の子の部屋を清掃して新しいお客を受け入れられる状態にすること。

よって、例えば聖子嬢のお客があがって次のお客がもう待合室で待っているような時には、急いでセットカバーに入って部屋を綺麗な状態にしなければならない。

当然、スピードが要求される。

10分以内に完了しなければ、また先輩のボーイに怒鳴りつけられる。

実践に入る前は、空いた部屋で何度も特訓をさせられたものだ。

フロントからの指示で、声がかかる。

「6号室、マリさんの部屋、玉井さんがセットカバーに入ってください」

「かしこまりました！」

21階段を上り、女の子の部屋をノックする。

「セットカバーにまいりました！」

すると、静かにドアが開き、マリは笑顔で部屋に迎えてくれた。

「よろしくお願いします」

この子は愛想がいい。終わった時も、「ありがとうございました」と言ってくれる。

中には、挨拶しても何も言わず、完全無視状態で煙草をふかしているような子もいる。

とはいえ、女の子の態度など気にしてはいられない。俺は急いで仕事をするだけだ。

まずは、ごみ箱の中からビニール袋を取り出す。

そこにはお楽しみが終わった後のティッシュの山。

そしてツーンとくる、塩素系漂白剤に似た匂い。

精子の匂いが漂白剤の匂いとそっくりだなんて、ここに来て初めて知ったよ！

だが、他人の精子の匂いだと思うと吐きそうになる。

そのごみ袋を持ち、今度は風呂のほうへ行くのだが、床が濡れているので使用済みのタオルを風呂場の床にばら撒く。

タオルの上を歩き、使用済みの歯ブラシや紙コップ、スポンジタワシなどを拾い、ごみ袋に入れる。

それが終わると、いよいよ清掃だ。

まずは浴槽を綺麗に洗う。

次に、エアーマットのローションのぬめりをシャワーで流し、タオルで拭き取る。

そしてスケベ椅子や風呂桶を片付け、四つん這いになって素早く風呂場の床を拭く。

それが終わったらベッドメイキング。

使用済みのシーツやバスタオルを新しいものに換え、綺麗にセットし直す。

最後に、部屋を見渡して確認し、ミスがなければＯＫだ。

「セットカバー終了しました！」

「ありがとうございました」

マリは今日もお礼を言ってくれた。

俺は、ごみ袋と使用済みタオルやシーツを抱えて部屋を出た。

最後に「失礼いたしました！」と言うのも忘れてはならない。

ちなみに、いくら愛想がいい子だからといってボーイがなれなれしく話しかけたりすると、女の子によってはマネージャーなどに告げ口をするから始末が悪い。

むろん、そんな時は後でこっぴどく叱られる。

また、話しかけなくても、「体臭がきつい」とか「口臭がする」という理由で、いちいちマネージャーに報告する女の子もいる。

俺もマネージャーの堺から注意されたことがある。

「玉井、セットカバーの時には、服にファブリーズをいっぱい吹きかけてから行け！お前は特に汗臭いらしいからな。それと、リステリンで口をすすいで行け！」

忙しい日には、そんなセットカバーが10本以上ある。

セットカバーが終わり、1階に下りてきたと思ったら次は○号室、次は×号室というように、連続で3本続くことも珍しくない。

そして、クソ暑い日でも、長袖のワイシャツを着てネクタイを締めなければならないのは変わらない。

そりゃあ、汗臭くもなるだろう……。

汗をかくので、当然、ドリンクサーバーの水を大量に飲む。

一体、1日に何リットルの水を飲んでいるのだろうか。

血液がサラサラになっているかもしれない。


営業中のセットカバーもそうだが、営業が終わり、女の子達が帰った後にも部屋の清掃が待っている。

そして、実はこれが一番大変なのだ。

完璧に清掃して備品を補充、そしてベッドを整えるまではセットカバーと同じだが、さらに、女の子の私物が入ったカゴを3階の備品庫に片付けなければならない。

そして、翌日出勤の女の子の私物カゴを3階から下ろし、対応する各部屋に置いていく。

つまり、重い荷物を持ち、1階、2階、3階を行ったり来たりというわけだ。

最後に、部屋の床の掃き掃除をして、ごみや髪の毛が落ちていないかを確認する。

これを怠ると大変。女の子からのクレームの嵐だ。

「私の部屋、髪の毛がいっぱい落ちてる！　気持ち悪い！」

こうなると、もちろん堺から怒られる。

「昨日4号室の掃除をしたのは誰だ！」

「私です！」

「またお前か。給料は一流、仕事は三流。いいかげんにしろ！」

「すみません！」

俺は何度か髪の毛の件で注意されてからは、仕上げにコロコロで丁寧にごみを取るようになった。

そんな営業後の部屋の清掃は、ほとんど毎日俺がやっている。

女の子が帰り、部屋が空いた順に清掃に入るのだが、その間、先輩ボーイ達はお客への営業や送迎、ソープ嬢のアルバムの整理などをしている。

その後、時間があれば先輩達が手伝ってくれることもあるが、シンデレラ城では、基本的に営業後の部屋の清掃と翌日の準備は新人ボーイがやることになっているのだ。

ちなみに、大木は積極的に手伝いに来てくれるので、とてもありがたい。

7月末、待合室のテレビは、始まったばかりのロンドンオリンピック一色だった。

しかし、俺にそんなことは関係ない。その日その日を精一杯頑張るだけだ。

それにしても、今年の夏の暑さは異常だ。熱中症で、毎日のように死人が出ているらしい。

俺も、1日の最後はバテバテになる。

体が熱を持ち、ワイシャツは汗でぐっしょりだ。

50歳の体にはきつ過ぎる。思わず、最後の部屋の前でしゃがみこんでしまうこともある。

「何やってんだ！」

罵声が飛んできた。顔を上げると、やっぱり岩田。

「何やってんだって聞いてんだよ。返事しろ！」

「はい？」

俺は返事に困って、思わず聞き返してしまった。

「はい？　だと、またお前俺を馬鹿にしてんのか？　馬鹿にしてんだろう！」

「いえ。馬鹿になんかしてません」

「何座ってんだよ？　人が見てないと思ってサボってんじゃねえよ。だから遅いんだよ、お前の仕事は！」

確かにしゃがんでいたのは事実だが、こっちだって一生懸命やってんだよ。疲れたからちょっと休んでいただけじゃないか。

それに、こんなことを言う割に、岩田はかなり要領よくサボっている。

実際、さっきも俺が清掃を終えた部屋に入って、座り込んで携帯をいじっていたのを知っている。

岩田は、携帯でＦＸ（外国為替取引）をやっているらしく、負けが込むと当たり散らすのだ。

また、朝、皆が掃除をしている時も、岩田はいつの間にか姿を消していることが多い。

店長やマネージャーは岩田が奥で清掃をしていると思っているらしいが、それは大間違いで、トイレにこもって携帯をいじっているのだ。

場合によっては20分も出てこない時もある。

しかも、トイレから出てくるとトイレが掃除してなかったと大騒ぎして、店長やマネージャーがいる前で、俺を怒鳴りつける。

後輩を厳しく指導している先輩を演じているつもりなんだろう。

お前がいつまでもトイレを占領しているから、トイレ掃除が後回しになっていたんじゃないか、バカ岩田！

こいつは、人の上には絶対立てないクズ野郎だ。

デール・カーネギーの『人を動かす』でも読ませてやりたいよ。

岩田は、カーネギーがいう「自己の重要感」というやつを、怒鳴り散らすことによって得ようとしているのだろう。レベルの低い男だ。

とはいえ、いくらムカついたところで、反論できるわけでもない。

「すみませんでした！」

俺は素直に謝り、立ち上がって最後の部屋の清掃を終えた。

今日は忙しかった。

クタクタになって寮の前に着いた。

部屋は4階。エレベーターはないので階段で上らざるを得ない。

夕食の弁当、皆が使うバスタオルなどに加え、今日の俺はビールを1ケース抱えているので、とても重い。

帰り際に、店の倉庫からちょろまかして持ってきたのだ。

店長やマネージャーに見つからないように、月に何度か持って帰る。

もちろん俺1人で飲むわけではなく、皆共犯で、持ち出す係が俺であるというだけなのだが、もし見つかれば、俺の単独犯ということになるらしい。ひどい話だ。
階段で、なかなか足が上がらない。太ももが重い。
階段を登り切ると、汗が噴き出た。
1人暮らしなら、帰ってすぐに寝てもいいが、ここではそういうわけにはいかない。
それに、たまには風呂に入った後、冷えたビールを飲みながら食事をしたい。
しかし寮には先輩が3人もいる。
俺は、先に夕食を済ませて4番目の風呂。あがれば風呂掃除。最後に風呂に水を張る。
この日も、寝床に入ったのは4時頃だった。
毎日、あっという間に爆睡してしまう。しかし……、
「うわあ！」
猛烈な痛みで目が覚めた。足がつったのだ。
しかも両足、ふくらはぎと太ももも同時だ。
このように、週に1回ぐらいは足がつる。
身動きが取れない。足を引っ張ったりしてひたすら我慢するしかない。
ふくらはぎを見ると、血管がポコンと浮き出ていた。
洗濯物のパンツと靴下が、エアコンの風に吹かれて揺れている。
これは夢か？　いや違う。大木のいびきが聞こえる。

俺は布団の上でのたうちまわる。

あっ、でも明日は、久々の休みだ！

サウナに行って1日ゆっくりするぞ！　マッサージもやってもらおう……。

ささやかな楽しみを胸に自分を慰め、痛みに耐えるしかなかった。

寮で宴会

「今日の晩飯はすき焼きにしよう！」

仕事終わり、主任の西村から号令がかかった。帰りにスーパーで買い出しだ。

食材を買うと、急いで寮へ戻る。

調理師免許を持っている俺は調理係だ。

下ごしらえをして、ザクザクと野菜を刻み、豆腐、白滝、肉を鍋にぶち込み、最後にすき焼きのたれを注いで煮立たせればできあがり。一番簡単な男の料理だ。

西村が味見をする。

「ん〜、美味い！　たまには贅沢しなくちゃ体が持たないよ！」

巨体を揺らしながら、西村がＯＫサインを出した。

テーブルにカセットコンロを用意し、皆で鍋をつつく。

実は西村も料理が得意で、いつもは1人で何かを作り、それをつまみに晩酌している。

「本当だ。おいしいですね」

岩田が西村に追随する。

先輩に対しては仔猫のようにふるまう。いやらしい奴だ。

肉はたっぷり買い込んできた。生卵につけて肉を食べる。確かに美味い。

それに、いつものように店からくすねたビールもたっぷりある。

肉と酒、ここに女がいれば言うことなし！　……だが、メンツは訳ありの男が4人。

現実はそう甘くない。

4人の中で、一番大食いなのは大木だ。俺の3倍は食べる。

すき焼きを食べながらビールをガブガブ飲み、250gのレトルトご飯を5パックも食べた。

寝る前には、恒例のどら焼きアイスクリームも食べるのだろう。

さらに、大木は食欲だけではなく精力も絶倫で、結婚していた頃は365日、雨の日も風の日も生理の日も、毎日奥さんと合体していたそうだ。

まさに野獣。世の中にはいるもんだ、化け物みたいな人が……。

そんな化け物が口を開く。

「玉井！　母ちゃんとしばらく会ってないから、溜まってんだろう？」

「いえ、重労働でくたびれて、ピクリともしませんよ！」

本音だ。実際、こっちに来てからめっきり性欲がなくなった。

毎日の仕事で疲れ果てているからだろう。

店の2階の廊下を歩くたびにあえぎ声が聞こえるが、全くその気は起きない。

一方、大木は現在もお盛んのようだ。

「俺なんか、昨日デリヘルで2発抜いて、それから個室ビデオに行って3発抜いてきたぜ！　ワイルドだろ!?　俺の場合、1発目より2発目のほうが硬くなるんだよな～」

こいつはやっぱり人間じゃない。53だぜ……。

2回も嫁さんと別れているのも、ヤリ過ぎが原因なのではないだろうか。

岩田が大木の話に乗ってきた。

「大木、安くていい店知ってるか？」

「新宿にありますよ。マジックミラー越しに女の子を選ぶことができる店。好きなタイプの子を、自分の目で見てから選べるからいいですよ！　そこの女とアドレス交換したから、たまにメールが来るんです。今度、店外デートの約束したんですよね～」

大木が自慢げに答える。

「そりゃいいな！」

そういえば、岩田は明日休みだ。その店に行くのかもしれない。

このように、大木と岩田は休日には遊んでいるが、西村は全く違う。

何と、1年に1回しか休みを取っていないらしい。

元日、店が休みの日にだけ自分も休むのだという。

少しでも多く、妻と子供に仕送りをするためにと頑張っているらしい。

だから西村は、外食したり風俗に行ったりといった無駄遣いは一切しない。

とんでもなくストイックな男なのだ。

俺も風俗には行かないが、休みが年1回というのはとてもじゃないが真似できない。

頭がどうにかなってしまうだろう。

「そろそろ終わりにするか……」

西村の言葉で宴会は終了となる。

後片付けは、一番下っ端の俺の仕事。洗い物をしてテーブルを拭いて、ごみをまとめる。

今日は宴会だったから、いつもより食事の時間が長引いた。

3人の後風呂に入り、風呂掃除をして布団に入る頃には夜が白々と明けていた。

ま、たまには宴会もいいな。

沙織、寿人、おやすみなさい……。

第3章　シンデレラ城に集う人々

ボーイの営業

　２階から、お楽しみが終わったソープ嬢とお客が手を繋ぎ、階段をゆっくりと下りてくる。

　階段の下でサブマネージャーの穂積が声を上げる。

「おあがりなさいませ！」

　続いて、その場にいるボーイ達が復唱する。

「おあがりなさいませ!!」

　60歳過ぎの穂積は、シンデレラ城一番の古株で、店長やマネージャーよりも業界経験が長いそうだ。

　普段は温厚で静かな人だが、怒らせたら一番怖いと言われている。

　というのも、実は穂積の背中には見事な彫り物があり、昔は組同士の抗争でダイナマイトを持って乗り込んだこともあるというつわものなのだ。

本人が話してくれたことがある。

「ダイナマイトの火薬はほとんど抜いてあってな、爆発しても、小さくポンぐらいなんだけどよ。投げた瞬間、皆慌てて逃げ出すから笑ったな」

す、凄過ぎる……。

ある日の朝、俺がトイレ掃除をしていると、穂積が声をかけてきた。

「お前、トイレ掃除が丁寧で綺麗だな。これだったら刑務所に行っても大丈夫だ」

いや、行きたくないんですけど……。

そんな穂積が、お客を待合室へ案内し、あがり茶（プレイが終わった後のドリンク）を持って、客と談笑する。

もちろん、無駄話をしているのではない。

お客と喋るのは、今終わったばかりの女の子の評価を聞くためだ。同時にアンケート用紙も渡す。

いくつもの項目があり、1つ1つの行為をチェックしていき、100点満点で何点になるのか点数をつける。

だからこそ、ソープ嬢も手を抜けない。

一方、ボーイはボーイで、あがった客に対して営業をかける。

お客とコミュニケーションを取りながら自分の名刺を渡し、リピーターになってもらえるよう頑張るのだ。

名刺には、ボーイ個人の携帯番号やメールアドレスも記入されており、直接、お客とボーイがやりとりできるようになっている。

シンデレラ城では、ボーイを通して予約すれば5000円の割引になる。車
ボーイはセールスマンとなり、女の子のいいところを教えながらうまく売り込む。車のセールスマンと一緒だ。

その日についた女の子ではなく、別の子とも遊んでみたいとお客が言い出せば、アルバムを見せながら、男のスケベ心をくすぐりつつ、女の子のアピールポイントを並べ立てる。

「いや〜、この子はですね、寂しがり屋なんですが、オチンチンを見ると人が変わっちゃうんですよ。お客様が『やめてくれ』と言っても、なかなか口を離そうとしないらしいんです。『おいしいおいしい』って言って……」

そんなエロトークにお客が興奮し、じゃあ、次はこの子と遊ぼう！　と思わせればしめたもの。

次回、そのボーイに連絡して予約を取れば、そのボーイのお客ということになる。

こうして、ボーイは自分のお客を増やしていくのだ。

もちろん、ボーイも店のためだけに営業しているわけではない。好成績を挙げれば、

給料が上がるのだ。

具体的には、予約1本につき500円のバックが入る。

ただしこれは、月に50本を超えればの話。つまり、49本までは0円なのだ。50本になってはじめて500円が手に入り、以降、51本なら1000円、52本なら1500円……という具合で給料にバックが加算される。

店長、マネージャー、サブマネージャー以外はこの特典がつく。だから皆必死になるのだ。

ただし、俺は新人なので営業活動はしていないし、正直、自分の名前や連絡先が入ったソープのボーイとしての名刺など、他人に配りたくない。

ボーイは、お客から好みを聞き出し、それを女の子に説明して演技指導をしたりもする。

そのお客は攻め好きなのか、受け身なのか？　恋人同士のような雰囲気がいいのか、技術重視なのか？　など、様々なお客の嗜好を会話の中で引き出し、それを接客前の女の子に伝える。

ボーイが演出家で、女の子が女優という感じだ。

うまく演じ切ればお客は満足し、再び来店してその子を指名してくれる可能性が高まる。

なお、できるボーイは、女の子1人1人の特徴を完全に把握している。

　むろんそれは、ボーイが女の子と肉体関係を持って知るわけではない。

　膨大なアンケート用紙の結果や、お客との会話を研究して分かるようになるのだ。

「玉井、西村さんのお客の数知ってるか？」

　大木が聞いてきた。

「いえ、全然分かりません」

「全部で2000人はいるっていう話だ。しかも、毎月西村さんを通して店に来るお客が160人はいるらしいぞ」

　2000人！　そういえば、西村にはひっきりなしに電話が掛かってくるし、暇さえあればお客にメールの返信をしている。

　FXやエロサイトばかり見ている岩田とは大違いだ。

　実際、西村の話術は、説得力、信頼性、誠意に溢れていて、お客が西村を信用するのも頷ける。

　また、女の子に対しては、お客がどういうプレイを望んでいるかを説明し、好みのタイプを演じるよう、事細かに指示を出す。

「最初は、恥ずかしそうな表情で、小さい声で反応してください。それから、徐々に声を上げ、クライマックスで弾けてください。会話が途切れたら、お客様の目を見つめてキスをおねだりしてください……」

そんな的確な指示のもと、女の子達は甘え上手になったり攻め好きになったりと、キャラを使い分ける。

「シンデレラ城はハズレの子がいない」と言われているようだが、それは、敏腕ボーイのこうした指導によるものなのだ。


ただし、女の子も全員が全員、このような演技ができるわけではない。

不器用な女の子は、そのうちお客が取れなくなって退職に追い込まれてしまうので、必死で頑張らなければならない。

女の子の価値や実力は、リピーターがどれくらい来るか、つまり、本指名の数で決まる。

そのため、女の子もお客とメールアドレスを交換し、時間を見つけては営業メールを送っている。

また、美人だからといってNO・1になれるわけではなく、どれだけお客に合った女優になれるかどうかでリピーターの数が変わってくる。

このように、本指名を増やすためには、たゆまぬ努力が必要なのだ。

さらに、売れっ子になりたければ、ボーイとも良好な関係を築いておく必要がある。

なぜなら、ボーイに威張り散らすような感じの悪い子は、いいお客を回してもらえなくなるからだ。

だから、人気のある女の子は、ボーイにも愛想がいい。

ちなみに、リピーターは全員が全員いい客ばかりではない。

中には、女の子に対してメールを1日に何百通も送ってくるような、ストーカーまがいのお客も存在する。

これには女の子もまいってしまい、おびえ切って男性従業員に相談してくる。

そんなときにはマネージャーがきっちり対応する。

女の子の安全を守るのは幹部スタッフの役目なのだ。

ソープの鉄人

仕事を終え、寮に帰って食事をしていると隣で西村の携帯が鳴った。

時間は午前1時半、お客からの電話らしい。

こんな深夜に掛かってきた電話にもかかわらず、西村は時折ユーモアを交えながら、丁寧な対応をしていた。

このように、西村の携帯には、昼夜問わずひっきりなしに着信やメールが入る。

電話に出られない場合でも、基本的にすぐに折り返さなければならないので、休日にゆっくりサウナに入っているわけにもいかない。

「電話が繋がらなかったぞ！」「メールの返信が遅い！」などというクレームを、店に入れてくるお客もいるのだ。

にもかかわらず、西村は2000人という膨大なお客を抱えている。

西村が休日を年1回、元日だけにしたのは、そんな事情もあるらしい。

また、連絡をするのは何もお客のほうからだけではない。

いい情報があれば、西村からお客に対して電話やメールをする。

お客とのやり取りだけで、月に3万円も携帯代がかかるそうだ。

携帯代は店からは出ない。自分のお客が増えれば増えるほど、料金がかさむ。

しかも、実はつい最近までは、ボーイが営業をかけてお客が来ても、バックを貰えるシステムはなかった。

つまり、店長やマネージャーは「営業してお客を呼べ！」と言うが、ボーイが携帯を使えば使うほど自腹で払う料金がかさみ、挙げ句、プライベートの時間までなくなってしまうという状態だったのだ。

これでは馬鹿馬鹿しくてやってられない。さすがに、ある日西村が店長に噛み付いた。

店長にしてみれば、営業上手の西村に辞められては困る。

こうして、しぶしぶではあるが、月に50本以上は1本あたり500円をつけるという歩合制が誕生したというわけだ。

とはいえ、営業で月に50人も呼ぶというのは非常に大変なことで、結局、毎月それをクリアし、バックを得ているのは西村だけという状況。

そんな西村は、「吉原一お客を呼ぶ男」という異名を持つらしい。

サブマネージャーの穂積も、西村については一目置いている。

「俺もいろんな人間を見てきたが、西村みたいな奴は初めて見たよ。将来は、シンデレラ城グループのトップになるだろう。吉原に名を残す男になるかもしれない。奴は〝ソープの鉄人〟だ」

ソープの鉄人……西村主任、恐るべし！

名物常連様

世の中には、自分のモノがデカいことを自慢する男がいるが、ソープで働く女の子にとってはいい迷惑でしかなく、ハッキリ言って苦痛なのだそうだ。

デカチンに加えて、遅漏だったらなお最悪らしい。

だから、お客も「凄く大き〜い」なんて言われて喜んでる場合ではない。女の子は、心の中で悲鳴を上げているかもしれないのだ。

むしろ、ソープでは小さい人のほうが好まれる。

一番喜ばれるのは短小で早漏で優しい人だ。

だから、小さい人も早い人も、安心して遊びに来てください！


シンデレラ城には、「ノルマ」があって、最低が3発。

お客のほとんどは、大抵アソコを膨らませてやる気満々で店に来る。

平均で4発こなし、中には、時間内に5発6発と発射する剛の者もいるそうだ。

だが、女の子だって人間だ。体がもたないだろう。

なぜなら、忙しい日にはお客を4人、場合によっては5人を相手することもある。

ということは、全員4発だとして、5人の相手をしたら何と20発！

冗談ではなく、アソコが擦り切れてしまい、中には裂けて出血する子もいる。

そのため、店には専用の塗り薬や挿入がスムーズにいくような業務用のローションが常備されている。

また、生理用品やピルも必要だ。なくなればボーイが薬局や病院まで買いにいかされる。


「いらっしゃいませ！」

予約のお客様がいらっしゃった。

待合室に入ったのを見届けると、大木が渋い顔を浮かべ、俺に囁いてきた。

「新人の明菜が心配だ……。あのお客は〝クラッシャー木村〟といってな、この店に来るお客の中でもベスト3に入る巨根の持ち主なんだ。その上なかなかイカなくて、2時間入れっぱなし。クラッシャー木村が帰った後は、皆アソコが裂けて出血して、当分店を休むようになっちまうんだよ。女の子が壊されちまうんだ」

うーむ、一見やさしそうな顔をしていたのに。人は見かけによらないものだ。

2階から明菜が下りてきた。そこへ岩田が近寄っていく。

クラッシャー木村は岩田のお客らしく、明菜に対して、クラッシャー木村がどんな人物か説明を始めた。

明菜の顔つきが神妙になっていく。

明菜はどちらかというと大柄で、前の彼氏はアメリカ人だったそうだ。

最近、インターネットで「ユルマンだ！」と書き込みされてショックを受けていた。

岩田はそれを知っていて、クラッシャー木村に明菜を勧めたのだという。

巨根と大穴の対決。何とか、大穴が持ちこたえてくれればいいのだが……。

岩田が待合室をノックし、クラッシャー木村を呼び出した。

「木村様、お待たせいたしました。お部屋の準備が整いました」

すると、クラッシャー木村がニコニコしながら出てきた。

彼の「実力」を知ってしまったため、笑顔が怖い。

そしてクラッシャー木村と明菜嬢がご対面。明菜は微笑みながらクラッシャー木村の手を握り、2人で2階へ上がっていく。

その背中を見ながら、岩田が大きな声を上げた。

「本日のご指名ご来店、誠にありがとうございます。お時間までどうぞごゆっくりお入りくださいませ！」

他のボーイ達も続く。

「いってらっしゃいませ！」

俺は、岩田に聞いてみた。

「明菜さん、大丈夫ですかね？」

「店一番のユルマンだし、ウェットトラストをたっぷり注入するよう言っておいたから大丈夫だろう。それに、前の店で、相撲取りの相手をしたこともあるって言ってたしな」

「ウェットトラスト」とは業務用のローションのこと。針のない注射器のようなものを使い、ウェットトラストをアソコに押し込んで注入するのだ。

すると密壺はねっとり、ぐっちょり、ヌルヌル状態になるという優れものだ。

そして、明菜は新人とはいえ、それはこの店に限ってのこと。他の店では何年もやっていたベテランだ。

前職は介護関係、風俗は初心者の23歳ということになっているが、実のところ、明菜の年齢は30歳。

少しでも若く見えれば、マネージャーが適当に年齢を決めるのだ。

これは俗に、「吉原年齢」と言われている。

スリーサイズもまたしかり。

ほとんどの子のウエストサイズは55～59センチの間で、相当太めの子でも60。

しかし、60と書かれる子は、どう見ても80を超えているだろう。

大体、世の中にウエストが50台の女の子なんてそうそういない。あの壇蜜でさえ、公表しているウエストは60なのだ。

さらに、女の子の写真にもかなりの修正を加える。

この行為は、「パネルマジック」（略して「パネマジ」）と呼ばれている。パネマジに引っかかったお客が、あがってきた後「写真と全然違うじゃねえか！」と怒ることもある。

ま、吉原は大人の遊び場で、女の子のプロフィールや写真を丸っきり信じるお客は少ないけれど、それでも、ウエスト80を60はやり過ぎじゃないですか、マネージャー？

そうこうしているうちに、お楽しみが終わったようで、明菜とクラッシャー木村が階段を下りてきた。まずは岩田が声を上げる。

「おあがりなさいませ！」

俺達も岩田に続く。

「おあがりなさいませ！」

そして、クラッシャー木村と岩田は待合室に消えていった。アンケートを書いてもらい、次回の営業をかけるのだ。

一方、明菜はやっぱり大変だったようだ。

「マジ疲れた～。しつこいんだもん。塗り薬お願いします。それで、できれば今日はこれで帰りたいんですけど。だってアソコがヒリヒリして痛いんですぅ～」

明菜が、マネージャーの堺に対して、甘えた声でそうお願いしていた。

だが、堺も負けていない。

「1時間後に予約がもう1本入ってるから、何とかそれだけは頑張ってくれ！　それが終わったら帰っていいから」

明菜は渋っていたが、結局、その1本だけは頑張ることにしたようだ。

女の子も大変だ。傷ついて出血した状態でやれば、病気を貰う可能性も高まるだろうに。しかも、シンデレラ城は「生」だぜ……。

その1本が終わった後、俺は心配になって明菜に聞いてみた。

「大丈夫でしたか？」

「はい。今度のお客さんは小さかったから全然大丈夫でした。クールダウンみたいなものかな。でも、今日はこれで帰っていいんですよね？」

明菜は俺の顔を見て、そう言いながら微笑んだ。

「小さい人で良かったですね、お大事に！」

タクシーに乗って帰る明菜を、岩田と俺で見送った。明菜はこれから飲みに行くそうだ。

「あいつ、ホストクラブにはまっているらしい。俺には関係ないけどな」

岩田が苦い顔をして言った。

急な欠勤が多い明菜には手を焼いているが、クラッシャー木村のような巨根対策として、彼女は貴重な新人なのだそうだ。

ところで、クラッシャー木村の次に明菜に入ったお客を見送る際、俺は、思わずそのお客の顔をじっと見てしまった。

彫りの深い顔立ちで、体格もがっちりしている。いい男じゃないか。

でも、アソコが小さいんだよな……そう思うとおかしくなって、俺は微笑んでしまった。

「ありがとうございました。お気をつけてお帰りくださいませ！」

自然な笑顔でそのお客を見送る。結果オーライだ。

クラッシャー木村に引き続き、今日は癖のあるお客が多い。

今度は、ベロベロに酔ったお客が来店した。

常連の高橋様、通称〝ペロリン高橋〟だ。

ペロリン高橋は、待合室でも、ビールを注文してガンガン飲みまくる。

歳は60近く、頭が禿げていて眼鏡をかけている。

このお客が指名するのは、ロリ顔の夏美だ。

夏美の実年齢は27歳だが、あどけない顔をしていて未成年に見えなくもない。

ロリコン好きの彼にはたまらないらしい。

「この子はね、俺の顔を見ると凄く嬉しそうな顔をして迎えてくれるんだよ。会ったその瞬間からアソコがぐっちょり濡れていてな。かわいくて仕方ないから、思いっ切り体中を舐めまくってやるんだ……」

待合室にお代わりのビールを運ぶと、ペロリン高橋が目と頭を輝かせながら、俺に対して自慢げにそう語った。気持ち悪い。

待合室を出ると、店長から声がかかった。

「玉井さん、4号室、夏美さんの部屋にセットカバーに行ってください！」

「かしこまりました！」

階段を駆け上がり、4号室へ。ドアをノックする。

「セットカバーにまいりました！」

「は～い。お願いします」

急いで部屋の清掃をしていると、夏美が化粧をしながら話しかけてきた。

「次のお客さん、どんな人ですか？」

「常連のペロリン高橋様です。本指名ですよ」

「え～？　やだやだ！　あの人やだ！」

「待合室でビールを飲んではりきっています。夏美さん、よろしくお願いしますよ」

その後、セットカバーも終わり、時間になった。

西村が待合室のドアを開ける。

「高橋様、お部屋の用意が整いました。階段を上ってすぐのお部屋になります」

夏美も階段の下に待っており、準備万端。ペロリン高橋と夏美がご対面だ。

当然ながらペロリン高橋は満面の笑みでやる気満々だが、夏美も夏美で、はにかみながら微笑んで高橋の手を取った。ちゃんと女優になっている。

2人は静かに階段を上がっていった。西村が叫ぶ。

「本日のご指名ご来店、誠にありがとうございます。お時間までどうぞごゆっくりお入りくださいませ！」

俺も声を張り上げた。

「いってらっしゃいませ！」

明菜も夏美も頑張っている。

俺も負けていられない。頑張るぞ！

シンデレラ城の泡姫達

セットカバーに行くと、女の子とあれこれ話をすることもある。

原則、女の子との会話は禁止だが、話しかけられた場合は無視するわけにもいかない。

「ボーイさんの仕事って、大変ですよね～」

ある日、部屋の清掃中に小百合嬢が話しかけてきた。

ちなみに彼女は昔、ボーイと付き合っていたことがあるらしい。

俺も鬱憤が溜まっていたので、つい愚痴をこぼしてしまった。

「はい。今日も、朝に食パンを1枚食べただけですよ。腹が減ってもうヘロヘロです」

もう夜の8時になるというのに、まだ休憩が貰えていない。

すると、小百合はバッグの中をゴソゴソと探し、何かを取り出した。

「これ、よかったら食べて！」

何と、コンビニのおにぎりじゃないですか！

もし、女の子からこんなものを貰ったことがバレてしまえば大変なのだが、腹ペコだった俺はお礼を言い、ありがたくその場でおにぎりにむしゃぶりついた。

小百合は、俺と同じ東北の出身だ。地震の時はたまたま岩手の実家に帰っていたそうで、怖い思いをしたと話してくれた。

だからこそ、気心が知れて何となく俺に親近感が湧いたのだろうか？

この日以降、セットカバーで小百合の部屋に行くたびに、彼女は何かしら俺のために食べ物を用意してくれていた。

小百合ちゃんのために、とお客がわざわざ買ってきたケーキを、「食べ切れないから食べて！」と、そっくりそのままいただいたこともある。

もちろん、こんなことは完全に秘密で誰にも言えないのだが、もしかして、小百合は俺のことが好きなのか？

こんなに優しくされたら、勘違いしてしまうよ。惚れてまうやろ〜！

ま、実際には、田舎のお父さんと俺を心の中でダブらせているとか、そんなとこだろう。

シンデレラ城で働くようになって3ヶ月も経つと、俺より後に入店してくる女の子も増えてきた。女の子の出入りも結構激しいのだ。

「玉井さん、セットカバーと部屋の清掃のやり方を、新人の純子さんに教えてきてください」

店長からそんな指示を受けた。

実は、女の子も時間がある時には、自分の部屋の清掃やベッドメイキングを1人でやらなければならないのだ。

ちなみに、俺は新人の女の子が入店してくるたびに、セットカバーの指導をする係を命じられるようになっていた。

さて、俺がセットカバーをいつものように指導した新人嬢・純子はかなりの「天然」で、言っていることがトンチンカンだった。

しかし、それが受けたのか、何と先月は本指名NO・1に躍り出た。

吉原年齢が24歳（本当は30歳以上）の純子は、決して美人とは言えないのだが、お客からすれば、なぜか魅力を感じてしまうのだろう。

「私、玉井さんが一番好き！　顔を見るとほっとするの」

入店したとき、部屋の清掃を教えてあげたからか、純子はやけに俺を慕ってくれている。

廊下で俺を見つけると、「玉井さん！」と大きな声を出して手を振ってくる。

さらには、俺のメールアドレスをしつこく聞いてくる。かなり積極的だ。

しかし俺は、「お店の決まりだから、教えられないんです」と言って断っていた。

正直、好みの女の子ならアドレスの交換くらいしたいが、残念ながら純子は俺のタイプじゃない。

　俺は煙草を吸わないから、ヘビースモーカーで煙草臭い純子は苦手なのだ。

「菜々子さんの部屋に行ってください！」

　ある時、店長からそう命じられ、俺はベテラン嬢・菜々子の部屋へ向かった。

　セットカバーではなく、とにかく部屋に行って指示を受けろとのことだ。

　よく分からないまま、菜々子の部屋をノックする。

「どうぞ」

　静かにドアが開いた。

　俺は深々と菜々子に頭を下げた。彼女は女の子達の中でもかなりの古株で、機嫌を損ねると怖い存在だ。

　何かあれば、すぐ店長やマネージャーに告げ口される。

「あのボーイは駄目ね。部屋の掃除が汚い！」

　などと難癖をつけられるので、菜々子の部屋には行きたくないというのが本音だ。

　ちなみに、大木は菜々子のことを「春日局」と呼んでいる。

　だが、この日は何だか菜々子の様子が変だった。明らかに落ち込んでいる感じなのだ。

　とはいえ、もちろんこちらから話しかけることはしない。

　俺は何をすべきなのか？　指示を待っていると、菜々子がポツリと言った。

「私さ……梅毒になっちゃった」

「え!?」

びっくりして、後の言葉が続かない。しばしの沈黙の後、恐る恐る口を開く。

「そ、そうですか……。病院には行かれたんですか?」

「行ったわよ。ちゃんと治療もしてるし」

またしても、俺は何を喋っていいのか分からなくなった。菜々子が続ける。

「先生から、もうソープの仕事は辞めなさいと言われたの」

「……私もそのほうがいいと思います。お大事にしてください」

「うん。それで私、今日でこの店を辞めるから、私物を全部捨てておいて。3階に2カゴ分あるから、頼んだわよ!」

「かしこまりました! しっかり処分しておきますので、ご安心ください!」

俺は一礼して、逃げるように部屋を出た。

菜々子自身はもちろんそうだろうが、俺も動揺していた。

梅毒と言えば、昔は「助からない」と言われ、吉原の遊女の命を多数奪っていった怖い病気だ。

今でこそ、抗生物質の内服で完全に治るようになったが、ノースキンでお客と接しているシンデレラ城の女の子達は、梅毒に限らず、いつ性病になってもおかしくない。

アソコが傷ついて出血している時などはなおさらだ。

むろん、女の子は定期的に検査をしているが、病気を持っているお客とセックスをすれば、感染してしまう可能性がある。

そして、当然ながら病気を貰うリスクはお客にもある。

吉原の高級店はノースキンを売りにしているが、お客はそのリスクをどこまで覚悟しているのか疑問だ。

高級店だからと言って、病気がうつらないわけではないのだ。

結局、菜々子は宣言通り、その日でシンデレラ城を退職していった……。

不機嫌な岩田

お客がトイレで用を足している。

俺は、おしぼりを持ってトイレの前に立ち、お客が出てくるのを待つ。

トイレのドアが開くと、お客の目を見ておしぼりを手渡す。

「どうぞ、おしぼりをお使いくださいませ！」

一方、待合室の前では、大木がドアを開けて待ち構えている。

「ご案内まで、もう少々お待ちくださいませ」

お客が待合室に入ると、大木はドアを静かに閉める。

この一連の流れが終わると、俺はすぐさま空いたトイレに入る。

床がオシッコで汚れていないか？　便器の中にウンコはついていないか？　トイレットペーパーの量は足りているか？　……などと確認をしながら清掃するのだ。

トイレクイックルで便器や床を拭き、水を流してトイレットペーパーを三角に折る。そしてごみ箱の中のごみを取り除き、終わったらフロントへ大きい声で報告する。

「トイレチェック完了しました！」

お客がトイレを利用するたびにこの作業は行われる。

だから、おしぼりを使う量は半端ではないし、トイレの水道代も馬鹿にならないだろう。とはいえ、シンデレラ城がおしぼりやタオルを大量に使用すれば、リース業者やクリーニング業者は儲かる。

その他の備品類も含めると、ソープランドが地域に貢献している経済効果は、なかなか捨てたもんじゃないのではないか……？

トイレから出ると、大木がお盆に水と錠剤を載せ、それを先程のお客に出すために待合室に入っていくところだった。

このお客は、月に2回ほど来る常連の渡部様。年齢は60歳近い。

店が暇な時に担当の大木が電話すると、「大木ちゃんに頼まれたらしょうがねえな〜」とか何とか言いながら、時間があれば大抵は来てくれる。ありがたいお客様なのだ。

ただし、これはもちろん、大木との信頼関係があってのこと。

「いい子が入店したら、真っ先にお知らせしますから」

大木はいつも渡部にそう言っている。

今日もまた、待合室で大木と渡部は談笑していた。そしてお盆に載せた錠剤を渡部に勧める。

「渡部様、これでも飲んで頑張ってください。それと、今日の子はまだ発展途上なんで、渡部様のテクニックで女の喜びを教えてあげてください！」

大木が渡部に勧めている錠剤は、ズバリ精力剤である。

シンデレラ城では、お客とボーイの信頼関係ができれば、バイアグラ、シアリス、レビトラといった男を奮い立たせる薬がサービスで提供されるのだ。

ところで、最近は大木の営業が好調なようで、仕事中、頻繁に大木の電話が鳴るようになった。

実際、ここ2ヶ月は岩田が呼んだお客よりも数が多かった。

そうなると、岩田は面白くない。

大木より半年早く入店した岩田は、店からも相当数のお客を回してもらっているが、先月今月と呼んだお客の数が大木に負けている。

これでは、先輩としての立場がないのだろう。いつにも増して、岩田は機嫌が悪そうだ。

嫌な予感がする。

その日は、いったん寮に帰ってから、4人で夕食の買い出しに向かった。

とはいえ、駐輪場で自転車に乗ってしまえば、各自好きなものを買うためバラバラに走り出す。

俺はいつもの弁当屋に1人で向かった。

弁当を食べているのを見たことがない西村は、夜1時まで営業しているスーパーへ。今日も自分で何か作って食べるのだろう。

大木も弁当屋に来ないので、今日はスーパーに行くらしい。大木は自炊と弁当が半々くらいの割合だ。

一方、自炊をまるでしない岩田はセブンイレブン派。

弁当でもスパゲッティでも、何でもセブンイレブンで買っている。

弁当を買い終えた俺は、急いで寮へと自転車をこいだ。さっさと飯にしたい。

道中、車道を渡った向こう側にあるセブンイレブンの前に岩田がいるのが見えた。信号待ちをしているようだ。

俺は向かいの道を自転車で通過し、一番乗りで寮へ戻った。

電子レンジで弁当を温め、台所のテーブルに座り、さっそく食べ始める。

そこへ岩田が帰ってきた。

「お疲れ様です！」

俺は岩田に挨拶をした。

すると、岩田が凄い形相でいきなり怒り出した。

「玉井！　お前、何様だ！」

「はい？」

「はい？　だとこの野郎！　またとぼけやがって。さっき、自転車で俺の前を通ったろ？」

「はい」

「何で挨拶をしねえんだ？　なめてんのか！　宮城の人間はみんなそうか？　街で先輩にすれ違っても挨拶もしねえのか？　挨拶は基本だろ、この馬鹿が！」

俺は、直立不動になって岩田の罵声を浴び続けた。

そうこうしているうちに西村と大木が帰ってきた。

「すみませんでした！」

俺は大きな声で謝罪し、一度はテーブルの上に広げた弁当を持って、大木と一緒に2人部屋の中に入った。

「玉井、気にすんな。あいつは病気みたいなもんだ。馬鹿がまた何か言っていると思って聞き流してればいいんだよ。俺も切れそうになる時があるし、俺が本気になったらあんなの10秒でぶっ倒せるけどな、執行猶予中だからおとなしくしてるんだ。俺は、店に後1年くらいはいるつもりだし、手を出したらもういられなくなるからな……」

実は、大木も岩田を嫌っていたのだ。しかし態度に出さない分、俺よりずっと大人だ。

俺はこの日以来、電子レンジで夕食の食べ物を温めたら、テーブルでは食べず、それを自分の部屋に持っていくことにした。そのほうが気が楽だ。

もちろん、西村と岩田に対する挨拶は忘れない。

「今日も1日、ありがとうございました！　明日もよろしくお願いします。おやすみなさい！」

大木も俺に付き合ってくれたので、大木と俺、そして西村と岩田という2組が別々に食事をすることが基本になった。

4人で食事をするのは、たまに西村の号令で始まる小宴会の時くらいだ。

食事の後は風呂だが、西村の後に岩田が入り、岩田があがると俺達の部屋のふすまを叩いて「あがったぞ」と声をかける。

「ありがとうございます。お風呂いただきます」

大木が返事をして、３番目に風呂に入る。

食事が別々になっても、もちろん風呂の順番は変わらないので、やっぱり俺は最後。

風呂に入ると、洗濯機がゴトゴトと音を鳴らして動いていた。

岩田が毎日洗濯をするので、俺はなかなか洗濯機を使えない。

「俺は汗っかきだから、毎日洗濯をしないと駄目なんだ」

機嫌が悪そうにそう言う岩田の顔が頭に浮かぶ。

俺も汗をよくかくし、実際、仕事中は汗でシャツがぐっしょりだ。

仕事をサボって携帯ばかり見ている岩田よりも、俺のほうが汗をかいていると思う。

どうしても洗濯がしたい時には、風呂からあがって風呂掃除まで終え、皆が完全に寝ている時間から洗濯機を回す。

そして、次の日早めに起きて洗濯機から洗濯物を出して部屋に干すのだ。

真夏でも、室内のカーテンは閉めたまま。電気をつけなければ薄暗い。

エアコンはつけっぱなしなので、部屋の中はいつでも涼しい。

洗濯物も早く乾くが、数日間は干しっぱなし。

だから、２段ベッドの上に寝ている俺の頭のすぐ上では、いつでもパンツや靴下がエアコンの風に吹かれてゆらゆらと揺れている。

俺は煙草を吸わないが、大木はヘビースモーカーなので、締め切った部屋は煙草の煙で息苦しい。

洗濯物も煙草臭くなる。パンツの燻製のできあがりだ。

でも、ここではそんなことで文句を言っていられない。


それに、ソープで働いて1つだけいいことがあった。

シンデレラ城で働き始めてから、10キロ近く痩せたことだ。

最初は、体重が減っていくことに恐怖を覚えていたが、そもそも俺は仙台にいた頃、体重が72キロあった。

身長が169センチなので、凄くデブというほどではないが、小太りで、糖尿病予備軍でもあった。

だが今は、62・5キロという適正体重。小太りと糖尿病予備軍から脱却できた。

世の中には、お金を払ってジムに通い、ダイエットに励む人も少なくない。

一方俺は、一銭も払わないどころか、給料を貰ってダイエットに成功した。

「ツイてる、俺はツイてる……」

いつもの「呪文」を唱え、俺は眠りに就いた。

第４章　帰省

下っ端ボーイが辞める理由

ある日の朝礼で、店長から報告があった。

昨日、シンデレラ城の系列店の玄関前で、ボーイ同士が殴り合いの喧嘩をしたそうだ。

「暴力はいけません。悩み事があったら、まず私に相談してください」

店長は、どんな時でも静かに丁寧に話す。

おそらく、その喧嘩というのは、先輩ボーイの横暴に耐え切れなくなった下っ端ボーイが反撃に出たのだろう。気持ちは分かる。

朝礼後、大木が俺に話しかけてきた。

「隣の店のボーイが飛んだぞ」

大木が一番仲良くしていた、シンデレラ城の右隣の店のボーイが行き先も告げずに辞めてしまったらしい。

開店の時間帯には、いつも店の前で客引きや送迎客への挨拶をしていた、白髪頭で愛想のいい40代の男だ。

「朝起きたら、荷物がそっくりなくなっていてよ。まいったな〜、しばらく休めねえよ」

隣の店のマネージャーが、大木に愚痴をこぼしていた。人手不足なのだろう。気持ちは分かる。

おそらく、白髪頭のあの男も下っ端で、こき使われて逃げたのだろう。

この業界は、新人を大事に育てるという気持ちが薄い。

自分のストレスを下っ端にぶつけて憂さを晴らす先輩ボーイが多いのだ。

しかし、そんなことを繰り返しているがために喧嘩になったり逃げられたりして、結果的に自分で自分の首を絞めることになる。


しかし、それから数日後の朝、店の前を掃除していると隣の店に警察が入っていくのが見えた。

どうやら、飛んだボーイを捜しているらしい。何とあの男は、空き巣と婦女暴行事件を起こして逃げ回っている最中だったとのこと。

おまけに、飛ぶ直前には同部屋のボーイの金を少々盗んでいったそうだ。

同情して損した。

それにしても、あんな感じの良さそうな男が……人間不信になってしまいそうだ。

「玉井！　ボサッとしてんな！　トイレの掃除が終わってねえだろ！」

意地悪な先輩ボーイの代表・岩田が吠える。

「はい！」

今日もまた、長い1日が始まった。

大木が飛んだ？

8月。嫌になるくらい暑い。

店内でさえ、立っているだけで玉のような汗が流れ落ちる。

なぜなら、シンデレラ城の中でエアコンが効いているのは待合室と個室だけだからだ。

この季節、最もつらい仕事が立ち番だ。

特に、昼間の暑い時間帯には絶対にやりたくないので、一番下っ端の俺とそのすぐ上の大木が、必然的にその時間の立ち番となる。

大木の顔は、日に焼けてしまい真っ黒だ。松崎しげるにも負けていない。

直射日光とコンクリートの照り返しが物凄い。いつ熱中症で倒れてもおかしくないような状況だ。

テレビでは、熱中症で死者が出たというニュースが連日流れているが、俺達が死んだら、店長やマネージャーは責任が取れるのか!?

あまりに暑いので、大木が店長に聞いてみた。

「半袖のワイシャツで出勤してもいいですか？」

しかし、その要望は一蹴された。

「駄目です。長袖のワイシャツを着て、ネクタイもきっちり締めて背筋を伸ばし店の前に立つ。それが高級店というものです。我々もやってきたことですよ」

こう言われると、もはや何も言い返せない。

また、不思議なことに、吉原の立ち番ボーイが熱中症で倒れて救急車で運ばれたという話は聞いたことがない。

底辺の環境で歯を食いしばり頑張っている男達の意地と精神力が肉体を支えているのか？　俺は真剣にそう思った。


とはいえ、今日の大木はさすがにヤバそうだった。

実は、昨日休みだった大木は大井競馬に行って大勝ちし、旧友と飲み歩いたらしく、朝方ベロベロになって帰ってきた。

帰ってきた大木が、トイレでゲロを吐いていたことも俺は知っている。

睡眠不足、二日酔い、そして35度を超えるこの気温で、さすがの野獣大木もダウン寸前なのだろう。

「大木さん、休憩に行ってください」

午後3時、店長から大木に声がかかった。

運良く、今日の休憩の順番は大木がトップ。

店長が、大木の顔色の悪さを見抜いたのかもしれない。

「はい。休憩いただきます……」

大木は力なく答えると、自転車に乗って寮へ向かった。

どうせ電気代は店が出すので、寮のエアコンはつけっぱなしになっている。

だから、真夏でも部屋に入った瞬間涼しい。すぐに快適な状態で昼寝ができる。

大木の後は、俺が立ち番をすることとなった。
後2時間もすれば、太陽がビルの陰に隠れる。それまでの辛抱だ。
灼熱の太陽の下で、俺は沙織と寿人のことを考えていた。
沙織からは、メールが頻繁に送られてくる。
内容は、大体寿人についてのことだ。
寿人が言うことを聞かない。勉強をしない。手に負えないから何とか言ってほしい
……などなど。
上京してきて、もう4ヶ月が経つ。

店長に話して、近いうちに連休を貰い、仙台に一度帰ろう。息子と向き合う時間や、女房を抱く時間も必要だ。

たまには帰らないと、俺の存在を忘れられてしまいかねない。

おっと、客引きも忘れてはならない。俺は家族のことを考えながらも、店の前を通る人達に積極的に声をかけた。


そんなこんなで、2時間が過ぎた……のはいいのだが、あれ？　大木が帰ってこない。

俺はすぐさま店長に報告した。

「大木さんが帰ってこないんですが！」

だが、店内の面々はとっくに大木が戻らないことを不審に思っていたようだ。

サブマネージャーの穂積が教えてくれた。

「さっきから、大木の携帯に電話をしているんだが出ない。連絡がつかないんだよ。飛んだか？」

以前にも、休憩に行ったまま「帰らぬ人」になったボーイが何人かいたそうだ。

休憩で寮に戻り、そのまま荷物をまとめてバイバイ。

「こりゃあ、代わりが入るまで、休みなしで働くしかねえな」

穂積が舌打ちをしながら言った。

ちょ、ちょっと待ってくれ。そうなれば、帰省どころじゃない。

さらに、新人が入るまで毎日暑さのピークの時間に俺が立ち番をやらされる可能性さえある。

嘘だろう、大木さん！

「玉井、立ち番変わるぞ」

西村が声をかけてきた。

時刻は午後5時過ぎ。ようやくお日様がビルの陰に隠れた。

店内に入ると、マネージャーの堺からすぐ声がかかった。

「玉井、休憩だ！　寮に戻ったら、大木がいるかどうかすぐに電話を入れろ」

「はい、かしこまりました！」

しかし、駐輪場で自転車に乗ろうとしていると、そこへ血相を変えた大木が自転車で戻ってきた。

「大木さん！」

俺は嬉しさのあまり、大きな声を上げてしまった。

「悪い！　寝過ごしちまった。まずいな～」

大木は携帯をマナーモードにして寝てしまったらしく、店からの着信にも気がつかなかったようだ。

ばつの悪そうな顔をして店内に入っていく大木の後ろ姿を、俺はほっとしながら眺めた。

寮に戻った俺は、温めたパックご飯にレトルトカレーをかけた食事をさっと食べ、それから20分ほど仮眠して店に戻った。

朝11時から夜中の12時過ぎまで働くのだ。せめて休憩は2時間ほしい。

第一、寮への行き帰りだけで、約10分が失われてしまう。

実は、俺も休憩時間に寝過ごしてしまい、店から電話が掛かってきたことが2回ある。大木と同様、携帯をマナーモードにしたまま寝てしまっていたのだ。

もちろん、2回ともマネージャーの堺からこっぴどく怒られた。

また、休憩だけじゃなく、休みも月3回ではやっぱりきつい。

せめて、週1で月4回はほしい。

だが、これはあくまでも希望。店長に言えば、ワイシャツの件と同じように簡単にあしらわれてしまうだろう。

ちなみに、俺は近々連休を取って実家に帰るつもりだが、これも単純に休みが増えるわけではない。次回の休みを前借りして連休にするのだ。

つまり、2連休の後は、次の休みまで3週間は仕事が続く。

考えただけで気が重くなるが、仙台に帰れば、久し振りに沙織と寿人に会える。

それに、西村のように、元日しか休まないというつわものもいるのだ。

西村のことを考えると、自分が贅沢者のように思えてくるから不思議だ……。

沙織

連休初日は、朝６時に目が覚めた。

目覚まし時計を７時にセットしていたのだが、それより１時間も前に起きてしまった。

あまり寝ていないが、妙に頭がスッキリしている。

おそらく、気が高ぶっているのだろう。

当然大木はまだ寝ているので、俺は電気をつけず、薄暗い中で着替えをした。

大木を起こさぬよう、気を使いながら静かにふすまを閉めて部屋を出た。

西村と岩田の部屋からも寝息が聞こえる。

どんよりとした灰色の重い空気が充満する室内を、音を立てぬようゆっくりと歩きながら、俺はようやく玄関前までたどり着いた。

夜じゃなくてもカーテンを閉めたままのこの部屋は陰気臭い。

玄関前の電気をつけて、出かける前に持ち物を確認。

携帯電話、財布、部屋の鍵、自転車の鍵……よし、ＯＫ！

以前、汗びっしょりになりながら上野のアメ横まで自転車をこいでいったのに、財布を忘れていて、そのままとんぼ返りしたことがある。

それ以降、寮を出る前には持ち物チェックをする習慣ができた。

玄関の電気を消し、ドアを静かに開けた。

明るい！　輝く朝の太陽が俺を迎えてくれた。

オレンジ色の光が俺を温かく包む。空は真っ青だ。

自転車に乗り、ペダルを勢いよく踏む。仕事に行く時に比べて何と軽いことか。

すでに9月に入っており、朝方は涼しい。心地良い水色の風が、俺の体を吹き抜けていく。

何てさわやかな朝なんだ。

いつも見ている景色が、違ったものに見える。

久々に家族に会えるという楽しみが、俺の気持ちを高揚させた。

JR御徒町駅前の駐輪場に自転車を置き、隣の上野駅まで行く。

休みの日に偶然この駐輪場を見つけ、仙台に帰るときはここに停めておこうと決めていたのだ。少しの間なら上野に路上駐輪でもいいが、2日間だと撤去されてしまいかねない。

上野駅に着くと、俺はすぐさま東北新幹線乗り場へ向かい、到着したばかりの新幹線に飛び乗った。

もちろん自由席。余裕で座れる。

お盆や正月ならいざしらず、閑散期に指定席に乗る奴の気がしれない。

新幹線に乗ってしまえば、仙台までは1時間半だ。

「7時2分発で、8時33分着か……」

沙織に到着時間をメールした。

沙織は、俺の休みに合わせて自分もパートを休み、仙台駅まで迎えに来てくれることになっている。

朝食は、パンと缶コーヒー。昨日の夜買っていた東京スポーツを読みながら、パンにかじりつく。

求人欄を見ると、シンデレラ城の真正面にあるR店が、募集を出していた。

〈給料40万円上可。50歳までやる気重視。寮費無料（R）〉

R店の寮は6人暮らしらしく、ボーイの出入りも激しい。

確か、俺より後に入った若いボーイが飛び、1週間前に年配のボーイが入ったばかりだった。

にもかかわらず募集を出しているということは、また誰かが辞めたのかもしれない。

東スポを何度も読み返していると、あっという間に仙台に到着した。

急ぎ足で改札口へ向かう。見慣れた懐かしい風景が目に入る。

改札口には、すでに沙織が待っていてくれた。泣きそうな顔をしている。

何だか照れくさくて、俺はまともに沙織の顔を見られなかった。

「ずいぶん痩せたね！」

沙織の第一声。

「うん、痩せたよ。仕事がきつくてさ……」

「かわいそう！」

そう言うと、沙織は俺の手を握りしめた。

俺も、外国映画のように思い切り沙織を抱きしめたかったが、公衆の面前では、そうもいかないのが日本人の奥ゆかしさというものだろう。

ただし、俺の股間はそんな気持ちとは無関係に、熱く硬くギンギンになっていた。

すっかり性欲がなくなったと思っていたのが嘘のようだ。

45歳の沙織は、まだまだ女盛りでかわいらしい。

「何でお前があんなかわいい嫁さんをもらったんだよ」と、友人達からよくうらやましがられたものだ。

ともあれ、駅で昼食を済ませ、急いで家へ向かう。

家に着くと、すぐにカーテンを閉めてシャワーを浴び、２人とも素っ裸になった。

そして愛の確認作業へ！　むさぼるように愛し合う。

一緒に暮らしていた頃は月１回が関の山だったのに、この時は２回戦をやり抜いてしまった。

こうして、俺は溜まりに溜まった欲望を吐き出したのだった。


「寿人が私の言うことを聞かないのよ。成績も落ちてるし……」

夫婦の営みが終わると、沙織は息子のことを愚痴り始めた。

内容はメールで読んだものと大体同じだが、携帯とは違い、目の前の女房の話は簡単には終わらない。

「やっぱり、父親がそばにいないと駄目なのよ！　女親だと思ってなめてかかってきて、昨日も大喧嘩になって……」

沙織は話し出すと止まらない。２時間でも３時間でも喋り続ける。

話が長過ぎるため、要点が分からず、途中から何を言いたいのか分からなくなる。

しかも、突然話が変わる。

例えば、今まで息子の成績の話をしていたはずなのに、テレビに映っている女優の髪型が目に入ると、「あの髪形は一昔前に流行ってたわね。私も若い頃に……」などと言い始め、いつの間にかヘアースタイルの話題に転換してしまうのだ。

そしてテーマが変わろうとも、延々喋り続けるのは変わらない。ある意味職人芸だ。

ま、理路整然とし過ぎている女房よりは、よっぽどかわいいかもしれない。

沙織とは、20年前に友人の紹介で知り合った。俺が30歳、彼女が25歳の時だ。

初めてのデートは、車で遊園地へ行くことになった。

俺は内心、車中で何を喋ろうか？　沈黙が続いたら気まずいな……などと心配していたが、全くの杞憂に終わった。

それはもちろん、沙織が当時からかなりのお喋りだったからだ。

車中でも、遊園地でも沙織は喋りっぱなしだった。

正直、内容はどうでもいいことばかりだったが、俺はそんな沙織を好きになった。

俺は両親を事故で亡くしており、その上兄弟もいなかった。

1人暮らしの俺のアパートに沙織が来て、料理を作ってくれたりするようになると、自然に男と女の関係になった。

いつの間にか、沙織は俺にとってかけがえのないパートナーになっていた。

1人ぼっちの俺の寂しさを、沙織のお喋りと笑顔が埋めてくれたのかもしれない。

その後俺たちは結婚し、思い切って建売住宅を購入した。

寿人という子宝にも恵まれた。

結婚後、沙織が意外にも倹約家であることに驚いた。結婚前からしっかり貯金をしていたし、住宅ローンを払いながらも、５００万もの貯金を蓄えることができた。

しかし、そんな貯金と元々お互いに貯めていた貯金、合わせて約１０００万円を、俺が投資に失敗したがために２００万にまで減らしてしまった。

失ったのは金だけではない。

投資に専念するため、俺は当時勤めていた会社を辞めた。

そして、その後は一度も正社員として再就職することができなかった。

東日本大震災のせいもあるが、今俺が東京でソープのボーイをしなければならない状況なのは、やっぱり俺が投資にのめりこんでしまったためだ。

沙織には本当に迷惑をかけっぱなしだし、普通なら、離婚されてもおかしくない。

だが、沙織は口癖のように「生まれ変わっても一緒になろうね！」と言ってくれる。

つくづくありがたいと思う。

だからこそ、いくら岩田に怒鳴られようとも、休みが少なかろうとも、俺は頑張らなければならないのだ！

東京へ

夜になり、寿人が家に帰ってきた。

「ただいま～。あ、父さんお帰り！」

「おう！　寿人お帰り。大きくなったな～」

上京前は俺のほうが背が高かったが、今では、向かい合うと寿人のほうが大きかった。

半年足らずでこれだ。成長期は凄い。

サッカー部に入っている寿人は、日に焼けてたくましく、大人の男になりつつあった。

「身長、抜かれたな！」

♪柱のきずはおととしの……という歌があるが、我が家でもふすまの脇の柱に、寿人の身長の記録をマジックで書いていた。

沙織も話に入ってくる。

「お父さんが小さくなったみたい。抜かれちゃったね！」

「ああ、身長も、頭の良さも、仕事をするようになったら、収入も全部抜いてくれ。それが親孝行ってもんだ」

俺が沙織と寿人にそう言うと、沙織は少し寂しそうな顔をしたが、すぐにいつもの笑顔に戻り、とりとめのない話を始めた。

俺と寿人は、そんな沙織の話を右から左へと聞き流しながら適当に相槌を打つ。

夕食は、沙織のパート先の定食屋に挨拶がてら行くことにした。

ラーメン、餃子、鶏のから揚げ、そしてビールを頼む。久々の家族団欒だ。

店主から、何品かおつまみをサービスしてもらった。

アルコールも回り、いい気持ちになる。

「あの人、セクハラ親父なの。お尻触るのよ！」

沙織は、店主について俺にそう言ったが、触られることには抵抗がないようだ。

店主も、「触った分余計に入ってる。触り賃込みだから」と、冗談交じりに給料を渡してくれるらしい。

俺は沙織に言った。

「どんどん触らせろよ。その分給料が増えれば、そのほうがいいじゃないか」

「そうね。こんなおばさんのお尻で余計にお金が貰えるだもん。儲けものよ」

沙織は笑いながらそう言った。楽しい職場なのだろう。

家から近いし、昼食、夕食のまかないがつくというからありがたい。

食事を終え、店主にお礼を言って3人で歩いて帰る。

月が出ていた。満月に近い。

突然、沙織が尋ねてきた。

「お父さん、いつ東京から帰ってくるの？」

何気ない質問だろうが、俺は答えることができなかった。

最近は、自分の未来がどうなるかなど考えてもいなかった。

とにかく働いて金を稼いでローンを払うという、目の前のことしか見えていない。

いつまで東京生活を続けるのか？　ローン返済のメドはつくのか？　父親として職業は今のままでいいのか？

もしかしたら、俺は間違ったことをしているのかもしれない。訳が分からなくなる。

家に帰り、風呂をあがって布団に入ろうとした時、携帯が鳴った。

画面を見ると、シンデレラ城からだった。慌てて出る。

「もしもし、玉井ですが？」

「おう！　元気か？　皆心配してるぞ。帰ってこないんじゃないかってな」

電話の主は西村だった。もしかしたら、このまま飛んでしまうのではないかと心配して電話を掛けてきたらしい。

「大丈夫ですよ。明後日の朝にはちゃんとお土産を持って戻るので待っていてください」

「元気に帰ってこいよ！」

翌日もあっという間に過ぎた。一瞬のような2日間だった。

東京に戻る日の早朝、沙織に仙台駅まで送ってもらった。

新幹線に乗り、自由席に座るとメールが来た。沙織からだった。

かわいい絵文字入りで、「私もこれから仕事に行きます。体に気をつけて！　お弁当食べてね」と書かれていた。

沙織の作ってくれた愛妻弁当をありがたくいただく。感謝感謝だ。

帰省しても、沙織と寿人にはソープで働いているとは言っていないし、言えなかった。

それから、俺は睡魔に襲われ、知らぬ間に寝てしまっていた。

目が覚めると、新幹線はちょうど上野駅に到着していた。

慌てて降りて、自転車を置いている御徒町まで向かう。

どんよりとした曇り空の下、自転車に乗り、寮へと走った。

先輩方はまだ寝ている時間だな……。

2日前の朝はあんなに軽かったペダルがやけに重く感じる。

今日から、しばらく休みなしで仕事だ。

「でも、やるしかないよな」

俺は、そう呟き、沙織と寿人の顔を思い浮かべながらペダルを踏み続けた。

第5章　秋の吉原

閑散期

開店直前、口開け狙いのお客達がそろそろ来店する時間だ。

口開けとは、女の子のその日最初のお客になることをいう。

その日まだ誰とも交わっていない女の子と遊びたいというお客は多く、予約の際、「口開けで！」と指定されることも結構ある。

しかし、当然ながら口開けの予約が重なることもある。

そんな時は、「女の子の都合で時間が遅れます」とか何とか理由をつけて、複数のお客に対し、口開けとして女の子に入ってもらう。

場合によっては、店長がこんなことを言い出す。

「今日は、今月NO・1の純子嬢に1時、4時、7時、10時と予約が入っていますが、全て口開けということになっています。ですので、部屋の清掃は入念にして、今日初めてお客様を迎える部屋という状態にしてください」

とはいえ、俺の仕事にさほど影響はない。セットカバーをいつもより多少丁寧にやるだけだ。

入店して約半年だが、1日の仕事の流れも基本的には変わらない。

待合室の清掃に始まり、トイレ掃除→タオル庫チェック（セットカバー用のタオルセット）→外回りのごみ拾い→階段の清掃というのが、大体の毎日のワンセット。

その合間合間に、個室のセットカバーを行う。

ちなみに、細々とした買い物は、岩田か大木が行くことが多い。


営業中は、「パンパンパン」とリズミカルに布団を叩くような音、それに合わせて「あっあっあっ」という女の子達の声が廊下まで響き渡る。

何だか、どこか外国の収容所で女囚達が拉致、監禁され、各部屋で拷問を受けているような雰囲気でもある。女囚達が出しているのは、悲鳴やうめき声。

2階には、個室が7部屋もあるからそれは凄いもんだ。

「あ～、う～！」

「あっあっあっあっ、イク～!!」

満室時などは、あちこちの部屋から女の子達の声が響き、廊下中にこだまする。

俺がタオル庫の整理をしていると、カツカツカツ、という廊下を歩く靴の音が聞こえた。

そして、足音はピタッと止まり、続いて、コツンという音がした。

タオル庫のカーテンの間からそっと覗いてみると、大木が、女の子から注文されたドリンクやおつまみを、個室の前の置き台の上に置いているところだった。

それが終わると、大木は背中をくるりと向けて階段を下りていった。

まるで、収容所の監禁された女囚達に食事を運ぶ看守のようだ。


実際、出勤してきた女の子達は1日中を個室の中で過ごす。

勝手に店内を歩き回ってはならず、食事も部屋の中。部屋を出るのが許されるのは、お客とご対面の時とトイレに行く時だけ。

女の子が店から風呂付の部屋を借りる。そこに男が入浴しに来る。そしてたまたま自由恋愛が発生し、男と女の関係になる……というのがソープランドの建前だ。

ちなみに、店側は、部屋の中で行われていることは何も知りませんということになっているらしい。

ま、何はともあれ、大人になればソープランドで行われている行為は誰でも知っているのだが。


ところで、9月も半ばになり、シンデレラ城はめっきり暇になった。

何でも、例年9月、10月、11月は吉原全体が暇な時期らしい。

ただし、店が暇でも、ボーイが楽になるわけではない。

マネージャーの堺の機嫌がすこぶる悪くなり、精神的に疲れる。

「暇だなあ。予約が入らんなあ」

堺はそんな独り言を何度も呟く。

また、俺の顔を見るなり、

「なにボサーッとつっ立ってんだ！　何かやることがあるだろ？　給料は一流、仕事は三流じゃ困るんだよ！」

などと、いつものセリフで怒鳴ってきたりもするから、仕事がなくても、何か適当にやっていないと気まずくて仕方がない。

ソファーをずらしてごみを取り、その下をモップがけする。ドアの上や横を拭く。個室のドア窓枠ガラスのへりを絞ったタオルで何度も磨く……いつもはやらないような場所の掃除を懸命にやる。

「立ち番は死ぬ気でお客を引け！　引くまで交代するな！」

堺が、今度は立ち番をしている岩田を怒鳴りつけた。

堺の命令を受けて、岩田が積極的にお客に声をかけ始める。

岩田は、上司の堺に対しては極めて従順なのだ。

と、そこへ1人のお客がふらりと来店した。

とはいえ、岩田が引いたというわけではなく、自らの意思で来たように見えた。

「ああ〜、お久し振りですう〜。ようこそお待ちしておりました！　お変わりなかったですか？」

堺がかん高い声を出し、オーバーアクションでお客を待合室へ案内した。

俺はすぐに待合室へ行き、ドリンクは何がいいか伺おうとしたが、お客はそれを遮った。

「入るかどうかまだ分からないから、ドリンクはいりません。まずアルバムを見せてください」

堺にそれを伝えると、マネージャー直々にお客との交渉をすべく、アルバムを持ち待合室に入っていった。

しばらくして、待合室のドアが開く。

「本日はありがとうございました！　これに懲りずにまたお越しくださいませ！」

気持ちが悪くなるくらいの堺の作り笑いに見送られ、お客は帰っていった。

「あのお客、隣の店と間違えたらしい。総額の値段を言ったら、びっくりしてたよ……」

堺は、そう言うと溜め息をついて煙草に火をつけた。

堺はかなりのヘビースモーカーだ。フロント前の壁や天井は、堺の吸った煙草の煙の影響で黒くすすけている。

それにしても、堺は先程お客を出迎えた際、「お久し振りです。お変わりなかったですか？」と言っていた。

初めての客にこのセリフ。

口の上手さが重要な仕事とはいえ、改めてびっくりする。

ついに来た指令

今日は給料日。店の営業が終了した後、手渡しで給料を受け取る。

1人ずつ待合室を訪れ、店長から直接貰うのだ。

俺の番になり、給料袋の中身を確認すると、突然店長から言われた。

「玉井さんにも、来月から営業をしてもらいますよ。名刺も作らなくちゃね」

つ、ついに俺にも来た！　営業の指令だ。

正直、俺は営業だけはしたくないと思っていた。

俺の名前や連絡先が入った名刺が、不特定多数の男達の手に渡る。

そうなれば、ネットなどに俺の名が出て、それが原因で沙織や寿人にソープで働いていることがバレてしまうかもしれない。

それだけは何とか避けたいので、どうしてもこの話は辞退したい。

「すみません。自信がないので、営業はちょっと……」

「玉井さん、うちの店のボーイは、営業してお客を呼んでナンボなんですよ」

従業員の立場である俺は、店長にそう言われてしまえば、しつこくは断れない。

それに、確かに大木や岩田など、他のボーイ達も営業を行っているから、俺だけ特別扱いというわけにもいかないだろう。

困った、どうすればいいんだ。

「実は、ボーイが営業をかけてお客を呼ぶという店はそんなにないんだ」

この間、西村が寮でそう教えてくれた。

では、このシステムを採用していない店はどのようにして客を集めているかというと、インターネットでの宣伝、あるいは情報喫茶に頼っているようだ。

吉原に数軒存在する情報喫茶には、複数のソープランドのアルバムが置かれ、各店の女の子をお客に紹介している。お客が入れば、情報喫茶はその店から紹介料を得る。

さらには、「義理風呂」という行為を強制される店もある。

これは、系列店で暇をしている女の子のもとに、ボーイが客の振りをして入るというもの。

入浴料は出さなくていいが、サービス料はきっちり支払う。また、時間は早めに切り上げるのが決まりなのだそうだ。

ちなみに、入浴料とはお店の取り分で、サービス料が女の子の取り分のこと。ソープでは、お客はフロントで入浴料を、個室でサービス料を支払う（フロントで総額を支払う店もある）。なお、シンデレラ城の場合は、入浴料が３万円でサービス料が５万円だ。

シンデレラ城の真正面のR店では、１人のボーイが３回も義理風呂に行かされる月もあるという。

もちろんサービス料の支払いは自腹だ。

若い奴や借金がない奴ならまだいいかもしれないが、俺のように、ローン返済のためにここで働いているボーイにとっては、そんなことで金が月に何万も出ていってしまうと、わざわざ過酷な環境で働いている意味がなくなる。

そういえば、帰省中の新幹線で読んだ東スポの求人欄には、R店の募集が出ていた。もしかしたら、義理風呂が嫌でボーイが飛んでしまったのかもしれない。

一方、シンデレラ城では義理風呂へ行かされることはない。

かつては行われていたようだが、現在では、ボーイが営業をして自らの力でお客を呼ぶという店に変わったのだ。

それが功を奏し、グループ店でもトップの店になった。

とはいえ、そのために今俺は苦しんでいる。

俺があまりにも暗い顔をしていたからなのか、結局、俺がお客に対して営業をするのは来年からということになった。

店長からハッパをかけられる。

「それまでは、裏方の仕事や車での送迎をしっかりやって先輩方を支えてください」

「はい、かしこまりました！」

しかし、タイムリミットは後3ヶ月。どうしたものか……。

穂積と飲む

「大木、玉井、飲みに行くか？」

ある日の閉店後、駐輪場で、サブマネージャーの穂積が声をかけてきた。

「ありがとうございます！　喜んで！」

大木が答えた。

穂積と大木が、たまに一緒に飲みに行っているのは知っていたが、初めて俺にも声がかかった。穂積が競馬で大穴を当てたらしい。

俺は、穂積と大木の後ろを自転車で追った。

到着したのは、年配ではあるが品の良いママと女の子が１人いる、小さなスナックだった。穂積の行きつけの店だそうだ。

店には男性客が２人いて、カウンターとテーブル席が３つ、真ん中に大き目の観葉植物が置かれていた。

俺達３人は、観葉植物に一番近いテーブル席に座った。穂積が景気のいいことを言う。

「まあ飲めや。何でも好きなものを頼めよ。ママ！　なんか腹に溜まるものをジャンジャン持ってきて！　そうだ、焼酎のボトルも入ってたよな？」

まずはビールで乾杯。

そして、焼きうどん、鶏のから揚げ、ピザ、お新香、大根の煮つけ……できた順に女の子が運んでくる。テーブルがいっぱいになった。

穂積が話の口火を切った。

「しかし、岩田は仕事をしねえよなあ～。俺が店長だったら、あいつは真っ先にクビだけどな。あいつは要領がいいばかりで全然駄目だ」

穂積も岩田を良く思っていないのだ。

「岩田さんは昔、たぶんいじめられっ子だったんじゃないかと思うんですよ。その反動が来てるんじゃないんですか？　上の者にはペコペコ、下の者には威張り散らす。あれじゃ、下の者は誰もついていきませんよ」

真面目な顔をして大木が言った。

「下の者の失敗を許す器量がないと上には立てねえな。あれじゃ後輩を育てられねえから、何年経ってもボーイ長（主任）にもなれねえだろう。それに比べて、玉井はよくやってるよ。お前が来てから、店がずいぶん綺麗になったんじゃないか？　トイレをあそこまで丁寧に清掃するやつはいなかった。あれなら、刑務所に入っても大丈夫だ」

穂積のいつもの冗談だ。

「いやいや、刑務所には行きたくないですよ。勘弁してください」

「まあな。店は辞めれば済むが、刑務所は逃げ場がねえからな。いじめが始まったらひどいもんよ」

俺は穂積が好きだ。

昔は相当な暴れん坊だったようだが、60を過ぎた今では、人生を悟ったような穏やかな顔をしているし、俺にも優しい。

かつて穂積は、吉原のソープランドで店長として店を何軒も任されていたが、事件を起こして刑務所に入ることになり、いったん何もかも失ってしまった。

しかし、出所後にシンデレラ城グループの会長に拾われ、それから長いこと、シンデレラ城のサブマネージャーとして店長やマネージャーを後ろから支えている。

ちなみに、穂積は会長から気に入られていて、給料は店長と同じくらい貰っているらしい。

「来年、うちのグループで新しい店を出す予定があってな、そこの店長をやってくれって会長から言われてんだよ。大木か玉井を連れていきたいと思ってるんだが、どうだ？」

穂積がそう言うと、大木は即座に答えた。

「喜んでついていきます！」

「私もついていきます！」

俺も大木につられ、思わずそう答えた。

穂積は嬉しそうな顔をして頷いた。


酔いが回り始めたのか、穂積が饒舌になっていく。

「ヤクザもんとの付き合いも大切だ。うまく付き合っていかないと潰されちまう！」

「うちも、みかじめ料とか払ってるんですか？」

大木が聞いた。

「今はどうなってるのか知らないが、昔、俺が別の店で店長をやってた頃は、月30万は出していたな。それと、正月には門松とかしめ縄とかを買わされたもんだ」

吉原には複数の「組」が存在するらしいが、喧嘩にならないよう、縄張りがきちんと決まっているらしい。

また、暴力団だけではなく、警察、消防、保健所、税務署とも上手くお付き合いをしていかないと吉原のソープランドは続けていけない。睨まれれば、閉店に追い込まれることもあるからだ。

だから店長の仕事は大変だ。各所に気を配る必要がある。

加えて、店の売上が減れば、社長や会長からこっぴどく叱責される。

とある有名なグループでは、給料はいいがノルマがきつく精神的に追い詰められて自殺した店長が出たという噂もある。

「でもな、店長クラスになると、売り上げや経費をごまかして裏金を作ることもできる。要するに、うまみはあるんだよ。神経が太ければ大丈夫。うちの店長も3000万くらいは、貯め込んでるんじゃねえか?」

穂積はそう言うが、実は、穂積自身も何千万もの貯金があるらしい。

その後もあれこれ話していると、ママが穂積の横に腰を下ろし、会話に割り込んできた。

「穂積ちゃん、後輩にお説教でもしているの?　そろそろ歌でも歌ったらどう?」

「そうだな。大木、一発行け!」

「まずは玉井が歌いたいそうです。玉井、行け!」

大木が俺に振ってきた。

「はい、かしこまりました!」

俺はそう答え、マイクを握った。

何を隠そう、俺は若い頃「歌手になったら?」と周りの人から言われていたほどで、俺自身、歌は上手だという自負がある。

数年前には、某通信カラオケ会社が主催するカラオケ大会の東北大会に出場し、２次予選まで突破した。

「谷村新司の『群青』を歌います!」

歌い終えると、店内が一瞬静まり、それから大木が感嘆の声を上げた。

「玉井、上手いなあ!　いや～、人は見かけによらねえなあ」

さらに、穂積が困ったように続ける。

「次に俺の歌が入ってんだから少しは考えろ!　歌いづらいじゃねえか」

そう言いながらも顔は笑っていた。

「上手いわねえ。びっくりしたわ。でも、穂積ちゃんも上手いのよ。ね?」

「ありがとう、ママ。よっしゃ、じゃあ歌うか」

穂積は、杉良太郎の『すきま風』を淡々と歌った。

味があってなかなかいい。ママが褒めるのも分かる。

一方、大木は本当に歌が苦手なようで、全く歌わなかった。

ひとしきり歌い終え、再び会話タイムに戻る。

穂積が真面目な顔で言う。

「店の女には絶対手を出すなよ」

「はい。面接の時に店長からきつく言われましたから、肝に銘じています」

大木が答えた。俺も、面接の時に店長から釘を刺された記憶がある。

穂積の話は続く。

「大体、風俗で働いてる女は、普通に見えて普通じゃねえ。やっぱり、事情があるんだよ」

「そういえば、リストカットしてる子も多いですよね」

大木が答える。

偏見と言われればそれまでかもしれないが、ボーイをしていて多くのソープ嬢を見ていると、やはり少し変わった子が多いなとは思う。

「たぶん、ソープで働いている子の前世は、遊女や花魁だったと思うわ……」

突然、ママが口を挟んできた。

かつて、吉原遊郭で遊女や花魁として働いていた子が現世に生まれ変わっても、また吉原でソープ嬢として働いている……ママはそう言うのだ。

「だって、いくらお金のためとはいえ、好きでもない男を1日に4人も5人も相手にできる？　それも、1回じゃ済まないいんでしょ？」

「タフなお客になると、２時間で５発抜いていく人もいますよ」

大木が答えた。

「人間はね、生まれる以前の記憶を持って生まれてくるのよ。だから、同じことを繰り返すの。潜在意識の奥に、もっと深い意識があってその意識が根本的にその人を動かしている。だからソープの子達はそういう仕事ができるのよ……」

そんなママの不思議発言に、俺は戸惑った。

大木も同じ気持ちらしく、「それ、どういう意味ですか？」と聞き返した。

一方、ママとの付き合いが長い穂積は、ママの発言の意味を理解できている感じだ。

「一生懸命何かをやっていて、報われないで死んでしまったとするでしょう？　でも、それが次に生まれ変わったときに開花することがあるのよ。例えば、子供の頃、皆同じようにピアノのレッスンをしているのに、ずば抜けてうまい子がいるじゃない？　その子なんかは、生まれる以前の記憶や経験が発揮されているのよ」

ママの話はまだまだ続く。

「逆に、火を極端に恐れる人は火事で焼死したのかもしれないし、尖ったものを怖がる人は、はりつけの刑で殺されたのかもしれないわ。よく、小さい頃の経験が潜在意識に残っていてそういったものを怖がるっていうけど、それだけじゃ説明がつかないことがある。要するに、小さい頃の記憶じゃなくて、奥深い意識の中に刻まれた前世の記憶がそうさせるの。だから、散財して破産した人にお金を渡して助けてあげたとしても、その人はまた何年後かには破産するのよ。潜在意識の奥の意識がその人を動かしているから、お金を渡してもまた同じことを繰り返すの……」

内容はともかく、俺はママの話にどんどん引き込まれそうになっていた。

ヤバい。この人何者だ？

「でも、私の信仰している宗教に入って修行すれば、潜在意識の奥の意識を変えることができるかもしれないわ」

なるほど、そういうことか。スーッと気持ちが覚めてきた。

「穂積ちゃんの若い頃は荒れてて、凄く尖っててひどかった。何年も刑務所に入っていたことは知っているわよね？　でも、穂積ちゃんも入信してから穏やかになったのよね……」

「ちょっとママ、それ以上はストップ！」

穂積が困ったような顔をしてママの話を止めた。

どうやら、穂積もママと一緒に「その道」を信仰しているらしい。

ただ、現在の穏やかな穂積を見ると、案外宗教も悪くないのではないかと思ってしまう。

「ママ、俺はこいつらを勧誘するためにここに連れてきたわけじゃないんだから、その話はそのへんで終わりにしといてくれ」

「あら、ごめんなさい。調子に乗っちゃって」

ママが静かに言った。

それから、俺と穂積は調子に乗って再びガンガン歌った。

「玉井、そろそろ帰るぞ、もう3時過ぎだ」

大木が小声で俺に囁いてきた。歌わない大木はそろそろ飽きたらしい。

俺はまだまだ歌いたい気分だが、仕方ない。

「穂積さん、今日はありがとうございました！　遅くなってきましたので、今日はこのへんで帰らせていただきます！」

大木が言った。

「あっ、そうか。お前らは明日も仕事だしな。気をつけて帰れよ。いつでもここに来て、このボトル飲んでいいからな」

穂積は明日休みだ。自由気ままな1人暮らしだという。

「俺がお前らと出会ったのも何かの縁だ。人との出会いや付き合いを大事にすれば、いいことがある。縁が運を呼ぶんだぞ……」

穂積は、そんなことを言った。これも「その道」の教えなのだろうか。

ともあれ、久々に、飲んで歌って楽しい夜だった。

大木の意外な一面

スナックを出た俺と大木は、寮に戻る前にラーメン屋に寄ることにした。

帰り際、穂積が大木に1万円を渡しながら言った。

「お前ら、これでラーメンでも食って帰れ」

その言葉に素直に従ったのだった。

向かったラーメン屋は、大木のお気に入りの店で、何度か付き合わされている。

豚の背油がたっぷり入った、脂っこいラーメン。いかにも体に悪そうだ。

大食漢の大木は、大盛り醤油ラーメンとライスを注文。俺は味噌ラーメン。

さらにビールも注文した。

何せ、穂積から1万円をいただいているので、今日は懐が温かいのだ。

「玉井、生まれ変わりってあると思うか？」

大木が言う。さっきのママの話を思い出したのだろう。

「どうなんでしょう？　俺は、そういう話はあんまり信じないですね。ただ、宗教がらみでひどい目にあったことはありますけど」

「何があったんだ」

「昔、友人の家に泊まりに行った時のことなんですけど、実はその友人の家が有名な宗教団体に入っていて、しつこく入信を迫られたんですよ。家族どころか、近所の信者の人まで来て取り囲まれちゃって監禁状態ですよ」

「ハハハ。そりゃ大変だな」

「あるお経を唱えれば、悩み事は解決されて自分の望みは何でも叶うようになるからって、朝方まで延々ですよ。俺が、朝から仕事だから寝かせてくれと言っても私達も仕事だからとか言って、全然帰してくれない。あなたが幸せになるためなんです、あなたが入信したら帰ります！　って……」

「それでどうした？」

「仕方ないから、入信するって言いましたよ。でも、もちろんそんなのは口からでまかせで、実際は入信なんかしなかったですけどね。その友人とも、それっきり付き合いをやめました」

「ふーん。でも、俺も昔、ジョセフ・マーフィーの本とか読んだことがあるけど、強い信念を持ってできると思った願望は実現するとか、潜在意識に思いを焼きつけるように何度もイメージしろとか、そんなことが書いてあった記憶があるな。ある意味で、その宗教とか、さっきママが言ってたこととかぶるかもな」

「えっ？　大木さんもそんな本を読むんですか？　意外だな！」

「お前、俺をバカにしてんのか！　俺は意外と読書家なんだぜ」

「すみません。でも、俺もその本を読んだことがありますよ」

昔は暴走族でならした大木が読書家だとは意外だった。

「まあでも、もし、あの世とか生まれ変わりがあるなら、俺はもう一度お袋に会いてえな……」

「同感です！」

俺も大木も、すでに母親を亡くしている。

俺の母親が亡くなってしまったのは、沙織と結婚する前のことだ。

だから、とうとう孫の顔を見せることができなかった。

それが残念で仕方ない。

大木ではないが、もう一度母親に会えるならば、ぜひ沙織と寿人を見せてあげたいものだ。

「帰るか！」

大木の号令で、俺達はラーメン屋を出た。

来る時に降っていた雨はあがっていた。あたりは白々と明るくなりかけている。

自転車に乗り、寮へ向かう。

「もう4時半ですね」

「明日は絶対寝坊できないからな！　眠いなんて皆の前で言うなよ」

「はい！」

遊んだ次の日は、しっかり仕事をしないと何を言われるか分からないのだ。

トイレ事件

10月に入ると、さすがに夜は肌寒くなってきた。

「玉井！　物置からファンヒーターを持ってきて点火しろ！」

マネージャーの堺から声がかかった。

数ヶ月間倉庫にしまわれていたファンヒーターの出番がやってきたのだ。

「はい、かしこまりました！」

俺は4台のファンヒーターを出して、それぞれ所定の場所に設置した。

しかし、ファンヒーターが出たということは、春まで灯油を入れる作業が増えるということだ。

これが結構面倒臭い。灯油は3階にあるので、入れ替えのためには階段を上り下りせねばならず、時間がかかる。

だからと言って、他の仕事がなくなるわけではないため、寒い季節は少し早めに出勤しなければならないのだ。

ファンヒーターを出した日の夕方、ミーティングがあった。

翌週の月曜日、保健所の検査があるので店内の清掃を入念にしておくようにとのこと。年に1回の立ち入り検査なのだという。

とはいえ、朝の清掃以外、手の空いた時間に清掃作業をしているのは俺と大木ぐらいのもので、これも結局下っ端ボーイの負担が増えるだけの話。

ともあれ、この日はさほど忙しくもなかったので、俺は指示通り店内の壁を1階から2階まで、丁寧に拭き回った。

2階の4号室、沙紀の部屋にだけ常連の指名客が入っていた。

午後7時頃、フロントの電話が鳴った。沙紀からだ。

お客がトイレに行きたいのに、何度行っても誰かが入っていて用を足せないから、ちょっと様子を見てきてくれないかという話なのだそうだ。

しかし、現在店内にいるのは沙紀のお客だけ。不審な表情を浮かべ、マネージャーの堺が言った。

「おかしいな？　お客は1人だけなのに……。玉井、ちょっと2階のトイレの様子を見てこい！　もしかしたら、鍵の調子が悪いのかもしれない」

「はい、かしこまりました！」

鍵の調子などではなく、どうせあいつだろう……そう思いつつ俺が向かおうとしていると、穂積が、

「俺が見てくる」

と言い、さっさと2階に上がっていった。

しばらくすると、穂積が岩田を連れて戻ってきた。

「すみません。腹の調子が悪くて……」

案の定、岩田がトイレを占領していたのだ。

シンデレラ城に従業員専用のトイレはないため、従業員は、お客が入っていないタイミングを見計らってさっとトイレを使用することになっている。

よって、トイレを使用すること自体は問題ではないが、岩田の場合はこもり過ぎだ。

携帯でＦＸの取引でもやっているのだろう。

「長くトイレに入るときは、フロントへ報告してから行ってください」

静かに店長が岩田に言った。注意をする場合でも、店長は決して声を荒げない。

一方、穂積はビシッと言ってくれた。

「岩田！　いつまでもトイレにこもってんじゃねえよ。お客様が入れねえだろう！」

「すみませんでした……」

「大体、暇なときは、皆あっちこっち掃除してんだ。お前も、２階の廊下にモップでもかけてこい！」

「はい、かしこまりました！」

岩田は、上司には頭が上がらない。

真っ赤な顔をして、モップを持って２階へと走っていった。

俺が穂積をチラッと見ると、俺の顔を見返して穂積はニヤリと笑った。

穂積さん、ナイス！　心の中で俺は叫んだ。

いつも岩田にやられているので、胸がすく思いだ。

そして、この日を境に、穂積の岩田への指導が厳しくなった。

保健所の立ち入り検査

その日は、朝から慌ただしかった。

保健所の立ち入り検査が翌日に迫っていたからだ。

「タオル類の注文も最小限にしてあるから」

西村が言った。タオルを業者へ発注するのは、主任である西村の仕事だ。

「営業終了後に、タオル庫のタオルを全部移動してからタオル庫を清掃するんだ。だから、タオルが多過ぎると、移動が大変で朝方までかかっちまう」

西村はそう続けた。確かに、いつもはタオルでいっぱいのタオル庫が、今日は閑散としていた。

保健所の立ち入り検査とは、簡単に言うと、法律的には「公衆浴場」であるソープランドが、きちんと公衆浴場として営業できている状態かどうかのチェックのことで、年に1回行われる。

検査の前には、冷蔵庫に入っているアルコール類もいったん全部倉庫に移動。

さらに、各個室のエアーマットや備品類も、夜中に到着予定の大型トラックに一時積み込むことになっている。

ちなみに、個室からエアーマットを出すのは、公衆浴場には必要がないものだからという理由。

一方、普段は全く使われていない、個室の片隅にある「スチームサウナ」という機械がこの日は重要になる。

法律的に、このスチームサウナがちゃんと機能していないと、営業停止もあり得るらしい。

スチームサウナは箱型で、中には椅子があり、そこに座って顔だけ箱から出す。そして体を蒸すという機械だ。

いつも使っていれば、スイッチを入れると機械から透明の綺麗な水が出て、それから蒸気に変わるのが普通なのだそうで、逆に、濁った水が出てきたらアウトなのだという。だから、立ち入り検査の直前には、綺麗な水が出るまで何度もスチームサウナのスイッチを入れる。

とはいえ、正直、スチームサウナの使い方を知っている女の子などいないのではないかというくらい、いつもは使われていない。

そして、当然ながら保健所も、ソープランドがどんな店なのかは重々承知だ。

要するに、立ち入り検査は基本的には出来レースなのである。

ただし、保健所が法律に基づいてチェックをすることは事実なので、ソープランド側としては、入念に準備をしておかなければならないのだ。

この時ばかりは全員が一丸となり、店内の整理整頓に全力を挙げる。

さすがの岩田も、トイレにこもる暇がない。

女の子が仕事を終え、空いた部屋からどんどん片付けていく。マジックで部屋番号を書いとけ！」

「玉井！　細かいものは部屋ごとにビニール袋に入れて、マジックで部屋番号を書いとけ！」

「大木！　後でスチームサウナの点検をもう一度しろよ！」

穂積がてきぱきと指示を出す。

さすがはベテラン、頼りになる。

午前０時半、大型トラックが店の裏口に横づけされた。倉庫に入りきれないものをトラックに積み込むのだ。

そして午前３時前、ようやく全ての作業が終了した。

タオル庫は空っぽ、個室もガラーンとして寂しげになった。新鮮な光景だ。

清掃後、終礼が始まる。店長から翌日の説明があった。

「皆さん、今日はご苦労様でした。明日は、保健所の立ち入り検査が午前中に入る予定ですが、回ってくる順番は分かりませんので、店のオープンは３時前後としておきます」

どうやら、保健所は午前中にこの近辺の店をランダムに回るようで、具体的な検査の時間は分からないようだ。

店長が続ける。

「立ち入り検査が終わり次第、今度は片付けてあった荷物の搬入となります。搬入したら、各部屋を元の状態に戻してください。その作業が終わったらオープンします。それと、今日は待合室に弁当を用意していますので、食べていってください」

「ありがとうございます！」

皆が声を上げる。

待合室に行くと、少し値段が張りそうな弁当と味噌汁が用意されていた。ありがたくいただく。

穂積が嬉しそうに言った。

「去年より、1時間以上早く終わったな！　明日は早めに来てスチームのスイッチを入れて、蒸気と透明な水が出たらOKだからな」

弁当を食べ終わると解散となった。

「本日も1日ありがとうございました！　明日もよろしくお願いいたします！」

各自、店長とマネージャーに挨拶をして店を出る。

それから、寮に着いたのが3時半過ぎ。夕食は済んでいるが、風呂の順番が最後の俺が入浴する頃には、もう5時を過ぎていた。

数時間後、俺は溜まったごみ袋を自転車の前カゴに積み、店へ向かった。

雨がジャンジャン降っていた。

台風が近づいているようだ。

前カゴに大きなごみ袋、そして片手には傘。俺は風に煽られ、ふらふらしながら何とか店まで到着した。

傘はほとんど役に立たなかった。ずぶ濡れだ。

立ち入り検査当日も、店の外観は特に変わりなかった。

玄関は開いており、看板も出ている。

ただ、店長が早めに出勤して保健所の面々が訪れるための準備を整えていた。

店長から指示が出る。

「普段通りに店内の清掃を始めてください。ただし、大木さんは全部屋のスチームのスイッチを入れて動かしてください。それが済んだら、西村さんが全部屋のチェックをお願いします」

「かしこまりました！」

皆、それぞれの作業に入る。

しばらくすると、立ち番の岩田が声を上げた。

「隣の店に検査が入りました！」

隣の店の後、シンデレラ城に来るようだ。

「去年よりは早そうだな。早く来てもらったほうが楽だよ。来ないと、いつまでも開店できないからな」

堺がぼそりと呟く。

その時、フロントの電話が鳴った。

系列店からのようで、何事もなく無事に済んだという報告だった。

「来ました！」

岩田がそう報告すると、ほどなくして、保健所の検査員達が店にやってきた。

「ご苦労様です！」

全員で声をかける。

そして、店長自ら玄関までお出迎えだ。

軽く挨拶を交わすと、それから店長は検査員達を連れて店の奥へと消えていった。


その後、ものの10分もしないうちに、店長と検査員達が談笑しながら階段を下りてきた。

えっ、もうおしまい？

立ち入り検査は、想像していたよりもずっと簡単なものだった。

「ご苦労様でした！」

再び、全員で声をかけて検査員達を送り出す。

こうして、年1回の一大イベントは無事に終了した。

さっそく堺が指示を出す。

「営業の準備を開始！　3時に予約のお客様が来店するから、2時半までには終わらせるように！」

「かしこまりました！」

ボーイ全員が走り出す。

まずは、外の物置や3階の倉庫にしまった細々としたものから搬入開始。

大きなビニール袋にマジックで部屋番号が書いてあるので、それを対応する各部屋に置いていく。

午後2時になると、女の子達が出勤してきた。

さらにその15分後、今度はトラックが到着した。エアーマットなどの大物が積まれている。

バケツリレーの要領で、裏口から搬入が始まった。

トラックから西村が荷物を降ろし、それを大木が受け取り店内に入れる。

その荷物を持ち、階段を駆け上がるのが俺の役目。

息を切らしながら階段を何度も上り、2階で待っている岩田に渡す。

岩田は荷物を個室に運び、女の子達はそれを受け入れ、部屋を整頓する。

続いて、穂積が個室に入り、女の子と一緒に部屋の片付けをして最終チェック。

さらに、搬入を終えた西村も、最終チェックに加わった。

最後に、穂積と西村がフロントへ報告。

「最終確認終わりました！」

店長が答える。

「店をオープンします！」

きっちり2時半に準備完了し、お客様のご来店待ちとなる。

「いらっしゃいませ！」

こうして、いつものシンデレラ城が戻ってきたのだった。

車椅子のお客様

シンデレラ城には、障がいを持つお客も訪れる。

ある日、車椅子に乗った安西さんというお客が、介護の人と一緒に来店した。

安西さんは、喋っていることが聞き取りにくい部分もあったが、介護の人は分かるようで、その人を通じて意思の疎通ができた。

何でも、数年前に一度来店したことがあるらしく、その時のサービスに感動してまた来てくれたそうだ。

特に、エアーマットを使った「泡踊り」というプレイにいたく感動したらしい。

泡踊りとは、エアーマットにローションをたらし、女の子が自分の体、特に陰部や乳房をスポンジのように使い、男性器を刺激しつつ、お客の全身を洗うという行為だ。

ともあれ、ありがたいお客だ。

俺達は、今回も満足してもらおうと張り切った。

シンデレラ城にエレベーターはないので、安西さんが座る車椅子を抱えて2階の個室までお連れする。

すると、安西さんは、何度も何度も「ありがとう」と口にした。

それを聞いて、なぜか涙がこぼれてしまった。俺も涙もろくなったもんだ。

個室に到着すると、女の子にバトンタッチ。後は女の子にお任せするしかない。

待合室では、介護の人がコーヒーを飲みながら待っていたので、俺は声をかけてみた。

「今度は、ぜひお客様も遊びに来てください。お待ちしておりますよ」

だが、彼は苦笑いをしながら言う。

「こんな高級なところへは来られませんよ」

そういえば、介護職に就く人が、激務の割に給料が安いというのはよく聞く話だ。

2時間後、フロントの電話が鳴った。お楽しみの時間が終わったらしい。

俺と大木、介護の人の3人で部屋まで迎えに行った。

安西さんを車椅子に乗せ、再び車椅子を抱えて階段を下りる。

その後、外までお連れして見送った。

安西さんは、笑顔で何度も頭を下げ、俺達に対し、また「ありがとう」を繰り返した。

それから、介護の人が運転する車に乗って帰っていった。

通常の仕事をしているだけなのに、あんなにありがとうと言ってもらえると、何だかいいことをしたような気分になる。

ちなみに、安西さんはしっかり3発抜いていったらしく、女の子にも、沢山「ありがとう」を言っていたそうだ。

こんな経験をすると、やはりこの世にソープランドは必要だと思う。

愛のないセックスなど虚しいだけだという意見もあるだろうが、パートナーを見つけにくい人にも、もちろん異性の肌に触れたいという欲求はある。

そんな人が風俗店を訪れるのは、ある意味当然のことではないだろうか。

安西さん、またのご来店をお待ちしています！

第６章　吉原が揺れた日

堪忍袋の緒が切れた

その日は、どういうわけか午後９時半になっても休憩が貰えなかった。

俺の根性を試しているのか……？

朝からパン１枚しか食べてないので、もうヘロヘロだ。

いつも何か食べ物をくれる小百合の部屋のセットカバーでもあればいいのだが、あいにく、今日彼女は休みだ。

仕方なく、お客に出す酒のつまみの柿の種を少々失敬して、トイレに行ってポリポリと食べる。

その後、10時を過ぎても何も言われないので、思い切って店長に聞いてみた。

「あの……今日、休憩は貰えないのでしょうか？」

「あ、玉井さんまだ行ってなかったのか。すみません。すぐに休憩に入ってください」

単純に忘れていただけらしい。

俺は急いで寮へ戻り、いつものようにパックご飯を温め、レトルトカレーをかけて食べた。

布団に入り、携帯のアラームをセットして15分ほど寝る。


店に戻ると、もう11時を過ぎていた。

いつもなら、個室の仕上げの清掃に入っている時間だ。

今日は大木が休みなので、おそらく、岩田が各部屋を清掃中だろう。

「休憩終わりました」

フロントへ報告すると、すぐに店長から指示を受けた。

「では、お部屋の清掃に入ってください。今、岩田さんがやっています」

急いで2階に向かうと、岩田が階段に一番近い個室を清掃しているのが分かった。

一方、俺は奥の個室から順番に見て回ったが、それらの部屋の掃除はすでに終わっており、残る1室を岩田が清掃していたようだった。

「手伝います！」

岩田が清掃中の部屋に入り、俺がそう言うと、突然怒鳴られた。

「お前、さっきこの部屋の前を通って奥に行っただろ！　何ですぐにこの部屋の手伝いに来なかったんだ！」

「すみません。まだ清掃が終わってない部屋があると思ったものですから、奥に行きました」

実際、今2階に来たばかりの俺は、どの部屋の清掃が終わっているのかなんて分からないのだから、岩田が階段に近い部屋を掃除しているのなら、俺はそれ以外の部屋を掃除しようとするのが当然だ。

しかし、岩田の怒りは収まらない。

「言い訳すんな！」

「いえ、言い訳ではないです。事実を言っているだけです」

「この野郎！　なめてんのか？　それが言い訳っていうんだ！」

岩田は俺の言葉に逆上したようで、顔が真っ赤になっている。

あまりの岩田の理不尽さに、このときばかりは俺も堪忍袋の緒が切れてしまった。

初めて強い口調で言い返す。

「事実は事実だろ！　いい加減にしろ若造！」

すると岩田は、

「何だとこの野郎！」

と叫び、階段を駆け下りてしまった。

俺は岩田を追いかけた。

1階では、岩田が西村にたった今起きた出来事を話していた。

西村が味方についたと思ったのか、先程よりも強い勢いで俺を怒鳴る。

「お前、俺を馬鹿にしてるんだろう！　こいつは俺を馬鹿にしてるんですよ、西村さん！」

同じ言葉の繰り返し。こいつ小学生か？　こんな奴が上司だと思うと目に涙がにじんできた。

「馬鹿にしてるのはお前のほうだろう！　いい加減にしろ、この怠け者！」

俺は叫んでいるうちに、どうにでもなれという気持ちになってしまった。いったん溢れ出た感情は、もう止められない。

「忙しい時にトイレにこもってんじゃねえよこの馬鹿！　お前の下でなんかもう働けねえ！　辞めてやるよ！　もう先輩も後輩も関係ねえ!!」

そこに、騒ぎを聞きつけた穂積が飛んできた。

「何やってんだお前達！　玉井、ちょっとこっちに来い……」

穂積に連れられて、1階の個室に入る。

俺は穂積に対し、怒鳴り合いになってしまったいきさつや事情を説明した。

俺の話を聞いた穂積は、

「分かった。次は岩田と話してくる」

と言い、部屋の外に出ていった。

しばらくして穂積が戻ってきた。

「玉井、岩田が話をしたいと言っている。3号室で待ってるから行ってこい」

「嫌です。もう顔も見たくないです」

「いいから行ってこい！　岩田が、お前に謝りたいそうだ」

「え？」

「俺がガツンと言っておいたから」

ここまでしてもらったら、さすがに行かないわけにはいかない。

とはいえ、先輩の岩田に歯向かった俺は、もはやここにはいられないだろう。

辞める覚悟はできていた。


岩田の待っている3号室へ、俺は静かに入った。

ベッドに腰かけていた岩田が、俺の姿を見て口を開く。

「……さっきは悪かった。言い過ぎた」

その言葉を聞き、俺も冷静になった。

今、シンデレラ城を辞めて仙台に帰ったところで働き口はないだろう。

そうなれば、住宅ローンが払えなくなる。沙織と寿人に合わせる顔もない。

大体、つらい仕事だと分かっていて、ここに来たんだろうが。

俺は深呼吸を1つして、岩田に頭を下げた。大人にならなくては。

「先程はすみませんでした！　生意気なことを言って申し訳ありませんでした！」

「分かればいいよ。だから玉井、辞めるなんて言うなよ。俺も、これからは言い方に気をつけるからよ」

あれ？　いつもの岩田じゃない。何だか気持ち悪い。

これは本心なのか、それとも、穂積にガツンと言われたのが効いているのか……。

「どうだ？　今後もこの店で頑張ってくれるか？」

「はい！　ありがとうございます。岩田さんが許してくれるなら頑張ります！」

「じゃあ、一緒に頑張ろう」

岩田はそう言うと、手を出して握手を求めてきた。

俺も岩田の手を握り返す。

こうして、穂積の手助けもあり、俺は何とかシンデレラ城に残ることができたのだった。

岩田の退職

岩田とやり合ってしまった数日後の夜。

その日は岩田が休みだったのだが、終礼時、店長から驚きの報告があった。

「岩田さんが今週いっぱい辞めることになりました。それで、新人のボーイさんが入りますので、大木さんと玉井さんで指導してください」

「かしこまりました！」

大木が声を上げる。

一方、俺は驚いて声も出ない。

どうやら、俺以外の人達は何日も前からそのことを知っていたらしい。寮に帰ると、仕事が休みの岩田は不在だった。朝方に戻るのだろう。恐る恐る西村に尋ねてみる。

「俺との口論が原因ですか……？」

「違う違う。もっと前から、あいつが辞めることは決まっていたんだ」

少しほっとした。西村は、岩田が辞める理由を教えてくれた。

「ハッキリ言って、うちの店にずっといたんじゃ給料がなかなか上がらない。上が詰まっているから、なかなか役職がつかないんだ。岩田の給料の額は玉井と一緒なんだよ。それに、営業は歩合と言っても、月にお客を50人以上引くっていうのはそう簡単なことじゃない。岩田は1回もクリアしたことがないからな……」

驚いた。俺と岩田の給料の額は同じなのか！

「うちの店は、営業で力をつけて自分で稼げという方針だから、実力があれば給料を沢山もらえる可能性はある。ただ、あまりに営業力がないと、マネージャーの堺さんから叱責されるのは知ってるだろう？　結果を出さないと、だんだんいづらくなってくる。岩田が辞めるのは、そのプレッシャーに耐えられなかったというのもあるんだろう」

西村がそう言うと、大木が会話に入ってきた。

「そうなんですよね。マネージャーからのプレッシャーは半端じゃないですよ。俺も、先月はようやく50人呼べてほっとしましたよ。玉井も、営業をやったらこの苦しさが分かるよ」

ますます、来年から営業をするのが嫌になってくる……。

俺は西村に聞いてみた。

「ところで、岩田さんはうちを辞めてどうするんですか？」

「O店でボーイをやることが決まっているそうだ。あそこは、給料はうちより相当いいらしいが、その分、軍隊式で仕事はかなりきついようだな。だから、あいつに務まるかどうか……」

O店と言えば、俺が仙台にいる頃、東スポを見てシンデレラ城に決まる前に電話を掛けた店だ。

だが、年齢が問題で断られた。

40代前半までしか受け付けていないとのことで、「体が持たないと思いますよ」と言われた記憶がある。

西村の言うことが真実ならば、50歳の体では本当に耐えられないほどO店の仕事はきついのだろう。

「岩田さんは他店のボーイとよく飲みに行ってたから、その繋がりでO店を紹介されたみたいですね。O店のグループって、今、吉原で一番客が入ってるんじゃないですか？」

大木が、少しうらやましそうにそう言った。

O店とそのグループ店は低料金が売りで、吉原の中でもかなり繁盛していた。

西村が言う。

「あそこの店長は月に150万くらい貰うらしい。ボーイでも、岩田は経験者だから50くらいは出るかもな。まあ、人生は人それぞれだし、いいんじゃないか」

俺は、先日の言い合いの後、岩田が簡単に折れた理由が分かった。

転職が決まっているのに、岩田が原因で俺が辞めて人手が減ってしまえば、自分自身が辞めづらくなる。

穂積に言われて反省したわけでも何でもない。ただの計算ずくだったのだ。

握手まで求めてきて、「一緒に頑張ろう」だって。白々しい。

ただ何にせよ、岩田がいなくなるのは気が楽だ。

西村が、俺と大木に向かって言った。

「店長も言っていたが、岩田と入れ替わりで、新人が入ってくるから教育をよろしく頼むよ。まあ、新人とは言っても、この道10年の経験者だそうだけどな。ただ、うちにはうちのやり方があるから、お前達が先輩としてきちんと指導してくれ」

「かしこまりました！」

2人で返事をする。

そうか、ついに俺にも後輩ができるんだな……。

年上の後輩

数日後、シンデレラ城に新人ボーイがやってきた。

名前は安藤。年齢は59歳だ。

俺や大木よりも年上で、ソープのボーイとしても大先輩の安藤に対して、俺は敬意を持って接するよう心がけた。

安藤は、さすがに経験者だけのことはあって仕事の飲み込み自体は早い。

ただ、年齢がいっているからか、いまいち覇気がない。

また、物腰は柔らかいが声が小さく、動きものろい。

「安藤さん！　大きな声を出してください。元気出していきましょう！」

俺は、そんなふうに安藤に声をかけながらこの店での仕事の流れを指導した。

安藤が来てからというもの、夜の個室清掃を2人でするようになったので、ずいぶん楽になった。

さらに、階段の上り下りの回数も減り、夜中に足がつることがなくなった。

それまで俺がやっていた、寮のごみや洗濯物を出勤時に店まで運ぶ仕事も、安藤が来てからは安藤がやっている。俺は、持ちきれないものがあれば手伝うという感じだ。

丁寧に接してはいるが、仕事の面では、安藤はやはり新人扱いなのだ。

ちなみに、安藤は昔吉原で働いていたこともあるそうで、周辺の地理にも明るかった。

岩田の退職まではもう少し時間があるので、安藤は俺と大木の部屋に布団を敷いて寝ている。3人だと足の踏み場もない。

しかし、岩田が寮を出れば、大木が西村の部屋に引っ越して俺と安藤の2人部屋になる。

俺が一番嬉しかったのは、風呂の順番が1つ繰り上がること、そして、風呂掃除がバトンタッチできることだった。

岩田の仕事最終日、終礼で店長が話をした後、岩田から退職の挨拶があった。

「長い間ありがとうございました。この店で教わったことは生涯忘れません。本当にありがとうございました！」

　そう言って裏口から出て行く岩田を、全員で見送った。

　岩田は、翌日1日だけ休み、明後日からO店のボーイとして働くということだった。すでに荷物もO店の寮に運び込んでいるらしい。

　その日、仕事帰りに俺は大木と安藤と一緒に、いつもの250円弁当を買いにいった。

「ここの弁当もさすがに飽きてきたな！　鶏肉料理が多くて変わり映えしないし、たまにはメニューを変えたらどうだ？」

　大木が、大きな声で店員の中国人にそう言ったが、どうも日本語が分からなかったらしく、キョトンとしたまま、「アリガトウゴザイマス」と頭を下げた。

　岩田のいなくなった寮で、俺は久し振りにキッチンのテーブルで夕食を食べた。

　岩田に占領されていた洗濯機も、これからはもっと使えるようになるだろう。

　また、相部屋のパートナーが、煙草を吸わない安藤に代わったので、これからは煙の息苦しさからも解放される。

　ハッキリ言って、いいことばかりだ。

　ただ、安藤が風呂から出てきたときに、俺は見てしまった。

　安藤の背中の見事な彫り物を。

さすがは吉原。やはり、この人もただ者ではないのだろう。

他店の摘発

２０１２年10月27日、吉原に衝撃が走った。

外に立っていた穂積が店内に駆け込み、声を上げた。

「警察の手入れだ！　相当な人数だぞ！」

「どこですか!?」

大木が叫ぶ。

店長も堺も、外に出て様子を窺う。

しばらくすると、フロントの電話が鳴った。

シンデレラ城の社長から、警察の手入れに関しての情報が入ったようだ。

それからすぐ、店長が皆を集めて教えてくれた。

「O店で、大掛かりな警察の手入れがあったということですが、詳細はまだ不明です」

俺は衝撃を受けた。O店は岩田の転職先だ。

「O店はともかく、岩田が心配だな……」

西村が真剣な顔で心配している。

その後、O店、及びそのグループ店に勤める従業員が多数連行されたという情報が入ってきた。

「男性スタッフも女の子も、相当持っていかれたらしいぞ。こりゃ警察も本気だな。吉原を潰す気か？」

穂積が呟く。

それに対し、堺が青い顔をしながら力説した。

「そんなことはない！　この間だって、警察の講習で提出するべきものをちゃんと提出したし、『講習に参加して健全に営業していれば、吉原のソープを潰しにかかることはありません』とハッキリ言っていたんだぞ！」

一方、店長はいつも通り冷静だった。

「私達は、今まで通り堂々と健全に営業していればいいんです。大丈夫です、吉原は江戸時代から脈々と続く、日本の文化なんですから」

そう言って、皆に声をかけた。

「さあ皆さん、自分の仕事をきちんとやってください！　もう予約のお客様が来る時間ですよ！」

「かしこまりました！」

結局、その日俺達は普段通りの仕事をこなし、何事もなく1日を終えた。

寮に帰ってからも、やはりO店の摘発の話でもちきりだった。

「岩田も逮捕されたらしい。ちょうど早番の仕事だったそうだ」

西村が教えてくれた。

「岩田さんはどうなるんですかね？」

俺は心配になって聞いてみたが、大したことにはならないらしい。

「岩田もそうだが、下っ端はすぐ釈放されるだろう。ただ、O店とグループ店は、もう吉原での営業は駄目かもな」

西村がそう言うと、大木が軽口を叩いた。

「岩田さん、入ったばかりなのにツイてないですよね。もしかして、うちに戻ってきたりして」

西村は冗談には乗らず、冷静に言った。

「O店は、ヘルスも手広くやっているから、岩田はそっちに回されるかもしれないな」

O店とそのグループ店は売春防止法違反で摘発されたそうだが、正直、何を今さらといった感じだ。

そんな理由で摘発されるのなら、全国のソープランドは全店おしまいだ。

もちろん、あくまでこれは建前で、本当は何かしら別の事情があって摘発されたに違いない。

結局、真相は分からなかったのだが、その後、インターネット上などでは様々な憶測が飛び交っていた。

「O店とそのグループ店では女の子と屋外で行為に及べるという裏サービスがあり、それが発覚した」

「スカイツリー周辺の観光地化で近所から苦情が出て、目立っているO店のグループを摘発した」

「脱税が原因だった」

などなど。

なお、吉原では、2009年にも業界最大手の老舗ソープが売春防止法違反で摘発されたことがあったそうだ。

普通なら、こうした老舗の大手は警察ともズブズブなのだそうで、その時も吉原には衝撃が走ったという。

ともあれ、運が悪ければ、どの店でもこのように警察から摘発されてしまう可能性があるということだ。

実際、西村もこう言っていた。

「何かあったら、うちにも警察の手入れが入ってもおかしくはないからな……」

突然の電話

O店が摘発されて以降、俺は、すっかりおびえてしまっていた。

岩田は逮捕された。明日は我が身かもしれない。

警察の御厄介になるのはごめんだ。沙織と寿人に合わせる顔がなくなる。

寿人の進路にも影響が出てしまうかもしれない。

とはいえ、シンデレラ城を辞めたところで、別の就職先があるわけでもない。

葛藤が続いていた11月初旬のある休みの日、寮のベッドに横たわっていると、携帯が鳴った。

「もしもし」

電話に出る。

「もしもし、玉井か？　元気にしているか？」

「……誰ですか？」

「井上だよ！」

井上？　ピンと来ない。誰だっけ。

「どちらの井上さんですか？」

「何言ってんだよ！　仙台で、一緒に仕事をしていた井上だよ！　地震の日まで同じ店で働いていただろ？」

思い出した。仙台の飲食店で料理長をしていた井上だ。

「ああ、お久し振りです！　急にどうしたんですか？」

「いや、あれから玉井はどうしているかなと思ってさ。家に電話してみたら、東京で働いてるって言うから、携帯に掛けてみたんだ」

家族以外で、俺のことを心配して電話を掛けてくれる人がいるなんて、ちょっと嬉しい。

「いや、もうどん底ですよ。あの店を解雇されてから、仙台では全然仕事が見つからなくて。ようやく東京で住み込みの仕事を見つけて頑張っているところです。でも、結構いっぱいいっぱいですよ」

「そうか。仙台のほうは復興需要もあって、少し持ち直してきているんだ。それで、実は今度、前の店の新店舗を立ち上げることになったんだけど、玉井……よかったら戻ってこないか？　新店舗で働ける奴を探しているんだ」

何と、井上が電話を掛けてきたのは、働き口の紹介のためだったのだ。

そういえば、井上と一緒に働いていた当時は、歳が近いこともあって、仕事帰りによく飲みにいったものだ。

しかし、正社員ではなかった俺は、東日本大震災が原因でクビになってしまった。

井上は、そんな俺のことを忘れずにいてくれたのだ。

「給料は手取りで20万。社会保険もちゃんとついている。やってみないか?」

「ありがとうございます!　ただ、少し時間をいただけますか?　2、3日中にこちらから連絡します」

「分かった。いい返事を期待してるよ。戻ってきたら、また一緒に国分町にでも飲みに行こうや」

「はい。ありがとうございました。では失礼します!」

電話を切り、俺は感動していた。

こんな俺を必要としてくれて、働く場所を提供してくれるというのだ。

正直、俺は全く迷っていなかった。

仙台の店で働きたい。

来年から営業をしなければならないという憂鬱に加え、逮捕されるかもしれないという恐怖が、井上の電話で一気に解消された。

「縁が運を呼ぶんだぞ」という、穂積の言葉を思い出した。

給料が減り、それでローンが払えなくなるのなら、その時はその時だ。

妻と息子に言えない職場で、逮捕におびえながらずっと東京で働き続けるよりも、自己破産をしてでも、家族と一緒に暮らすほうが素晴らしい人生であるように思えてきた。

帰ろう！　家族が待つ故郷へ。

俺の頭の中で、松山千春の『帰ろうか』という曲が流れた。

飲み屋などで、俺以外には歌う人を見たことがないマイナーな曲だが、俺はこの曲が好きでよく歌っていた。

♪帰ろうか　帰ろうか　まだ寒い北国へ　だけどそこには　僕の愛した人がいる

俺の今の心境にぴったりだ。

仙台へ帰り、調理の仕事をして、愛する家族と暮らそう。

その翌日、いつもより少し早めに起きた俺は、井上に電話を掛けた。

「昨日のお話ですが、新店舗でお世話になりたいと思います。よろしくお願いします！」

最終章　さらばシンデレラ城

どうやって辞める？

仙台に帰る決意を固めたその日、俺は、シンデレラ城をどうやって辞めるべきか迷っていた。

飛ぶか？

手っ取り早いのは、寮の皆が寝静まっている間に、荷物をまとめて出ていってしまうという方法。

吉原では、去る者は追わずというスタンスらしく、店が追いかけてくることはない。

実際、どのソープランドでも、普通に退職する者よりも飛ぶ者のほうが圧倒的に多いらしい。

しかし、飛んでしまえば何日か分の給料を捨てることになってしまう。

それに、今までお世話になった店長に失礼だし、迷惑がかかる。

寝食を共にしてきた寮の仲間に対しても、やはり何か情のようなものが湧いているので、黙って去るのはしのびない。

シンデレラ城の寮で暮らして8ヶ月。

50歳を過ぎて、学生時代の部活の合宿のような生活をするとは思わなかったが、辞めると決めた今となってはいい思い出だ。

よし、何と言われようが、綺麗に辞めよう！

「実は俺……シンデレラ城を辞めようと思っています」

まずは、仕事が終わって寮に戻ってから、西村、大木、安藤に退職の意向を打ち明けた。

いつものように、店の倉庫から失敬した酒を皆で飲みながら、自分の気持ちや、昨日井上から電話が掛かってきたことなどを正直に話した。

「ま、人それぞれの人生だから、自分で選んだ道を行けばいいんじゃないか」

西村はそう言ってくれた。

「玉井！　辞めんのかよ。寂しくなるじゃねえか！」

大木は大声を出しながら、俺を抱き締めてきた。

その後、酒が進んで酔っ払った大木が、駄々っ子のように叫んだ。

「やっぱり辞めんなよ玉井！　しばらく頑張って金貯めて、こっちで店でもやればいいじゃねえか！」

そんな大木に構わず、西村が言う。

「家族が待ってて、しかも仕事があるなら、やっぱり帰ったほうがいいだろうな。いつまでもこんなところで働いていちゃいけない。普通の人になれよ」

「ありがとうございます。明日、店長にも退職の意思を伝えます」

「うん。でも、心配することはない。店長は意外とサバサバしてるから。何せ、この業界は人の出入りが激しいから店長も慣れたもんだ。それに、ちゃんと言って辞めるなら、新しいボーイの募集をかける余裕もあるし、周りにも迷惑はかからない」

「はい。いきなりボーイがいなくなると大変ですもんね」

「そうなんだよ。誰かが飛ぶと、しばらく皆の休みがなくなって大変だからな。ただ、ハッキリ辞める日が決まるまでは、まだ店長やマネージャーに話さないほうがいい。あんまり早めに言うと、こき使われるハメになるぞ。それに、12月末にはボーナスも出るから、どうせならその後に辞めたらどうだ？」

店を去る俺に対して、西村はあれこれとアドバイスをしてくれた。

「ありがとうございます。仙台で働き始める具体的な日にちが決まったら、まずは寮の皆さんに報告して、それからどうするかを考えたいと思います」

その夜、俺は布団の中で悩んだ。

何と、ボーナスは給料の丸1ヶ月分出るそうだ。これは大きい。

しかし、井上が言うには、新店舗のオープンは12月下旬。できれば、その2週間前くらいから来てほしいということだった。

井上の言う通りのスケジュールで働き始めるならば、ボーナスには間に合わない。

とはいえ、年内は東京で働きたいなどと言うと、この話自体がなしになってしまうかもしれない。

それは避けたい。

結局、俺は11月いっぱいでシンデレラ城を辞めて仙台に戻り、12月から井上の店でオープニングスタッフとして働き始めることに決めた。

ボーナスは諦める。

人生は選択と決断の繰り返しだが、今回はこれが正しいと思った。

このきっかけを逃すと、運が逃げていくような気がする。

縁が運を呼ぶのだ。

「ツイてる、俺はツイてる！」

いつものように、口に出してそう言ってみた。

沙織、寿人、もうすぐ帰るよ……。

小百合嬢との別れ

数日後、俺は覚悟を決めて、店長に退職の意思を伝えた。

「そうですか。分かりました。11月いっぱいということですね？　では、ボーイの募集をかけますから、玉井さんが辞める前に入ってきたらしっかり指導してくださいね」

西村が言った通り、拍子抜けするほど店長はあっさりしていた。

「あ、そうだ。2号室の小百合さんの部屋でゴキブリが出たそうなので、玉井さん、退治に行ってください」

「はい、かしこまりました！」

退職することが決まっても、辞めるその日までいつもと同じように指示は出る。

俺は、殺虫剤と蝿叩きを持って、小百合のいる2号室へ向かった。

ドアをノックすると、静かに開いた。

「失礼します。ゴキブリ退治にまいりました！」

「お願いします」

小百合は、いつも俺を笑顔で迎えてくれる。

腹を空かせた俺に、いつもお菓子やおにぎりをくれる。

もちろん俺も、この店の女の子の中で、小百合が一番好きだ。

「ゴキブリはどこですか?」

「ベッドの下の、たぶん右奥のほうに行ったと思います」

「了解しました!」

 俺はベッドの下の隙間に殺虫剤の噴射口を入れ、右奥を中心に噴射した。しばらくすると、ゴキブリが苦しがってバタバタと小刻みに動きながら、ベッドの下から這い出てきた。

　すかさず、そのゴキブリを蝿叩きでしとめる。

　ゴキブリの亡骸をティッシュでくるんでごみ箱に入れ、任務は完了だ。

「ゴキブリ退治、終わりました！」

「ありがとうございました」

「では、失礼します！」

　俺が部屋を出ようとすると、小百合が声をかけてきた。

「ねえ、玉井さんって、休みの日は何しているの？」

「休みですか？　スーパー銭湯とかサウナとかに行って、ボーッとしてますね。たまにマッサージなんかもしてもらって、リフレッシュしてます。近場なんですけど、浅草のROXの上の『まつり湯』なんかによく行きますね」

「あ、私もそういうの好きなんですよ。この前の休みは、ラクーアのスパに行って1日のんびりしてたし……そうだ！　今度一緒にスパに行きませんか？」

「えっ？」

何と、小百合からのお誘いだ。

小百合は、俺と同じ東北出身で、あの大震災も経験しているということもあり、ずっと俺を慕ってくれていた。

男と見られているかどうかは分からないが、そんな小百合が、ただデートに誘ってくれただけで、俺はとても嬉しかった。

だが、俺はもうすぐシンデレラ城を退職する。それまでは休みもない。

「小百合さん……実は俺、今月いっぱいで店を辞めるんですよ。だから、誘ってもらって嬉しいんですが、ご一緒できる休みがないんです」

「えっ！　嘘？　何で～!?」

小百合はびっくりしたらしく、大きな声を出した。

俺は小百合に事情を説明した。

基本的に個室に長居はできないので、今まで小百合に詳しい身の上話などしたことはなかったが、今日はゴキブリ退治が目的で来ているので、多少時間がかかっても大丈夫だろう。

俺の話を聞き終わると、小百合は冗談めかして言った。

「そっか……玉井さんの将来のためには、そのほうがいいのかもね。でも残念！　奥さんと息子さんがいたんだ。独身かと思ってた～」

もう少し早くデートに誘ってくれれば、いい思い出ができたかもしれない……残念なのは俺のほうだ。

「玉井さん、仙台に帰っても頑張ってね」

小百合はそう言うと、俺の手を握ってきた。

俺も小百合の手を握り返した。

「小百合さんも、仕事はほどほどにして、体を大切にしてくださいよ」

「ありがとう！」

小百合は俺に抱きついてきた。

俺も小百合をしっかり抱き締めた。

小百合は、店では23歳ということになっているが、本当の年齢は29歳。

この子には、どんな未来が待っているのだろう。

梅毒になってしまい、店を辞めた菜々子のようにはなってほしくない。

心配ではあるが、俺にはどうすることもできない。

なぜなら、彼女が選んだ道だから。

俺はふと、穂積に連れていってもらったスナックのママの言葉を思い出した。

「たぶん、ソープで働いている子の前世は、遊女や花魁だったと思うわ」

それが本当なら、小百合の前世は吉原の遊女だったのかもしれない。

小百合は前世の記憶を持って生まれてきて、同じような経験を繰り返しているのか……。


「失礼しました！」

「ありがとうございました」

俺は小百合の部屋を出た。心なしか、小百合の目は潤んでいるようにも見えた。

小百合は、今日も俺におにぎりをくれた。

俺にとってはマリア様のような人だった。

さようなら小百合。今までありがとう！　俺は股間をギンギンに硬くしながら、心の中で叫んだ。

彼女の未来に、幸せが訪れますように……。

そういえば、もう1人、俺を慕ってくれていた純子嬢は今月いっぱい休み。最後のお別れを言うことはできなかった。

純子は、仕事を頑張り過ぎて出血し、マネージャーから休養命令が出たのだ。

彼女がそんなに頑張る動機は分からないが、もしかすると、働いていないと寂しさが埋められないのかもしれない。

もうすぐ吉原の街ともお別れだ。

そう考えると、俺は何だか物悲しい気持ちになった。

知らない間に俺はこの街に馴染んでいたのだ。

最後の晩餐

出勤最終日の終礼で、店長は、俺が今日でシンデレラ城を辞めること、そして明日から新人ボーイが来るということを話した。

新人ボーイはまだ20代で、この業界は初めてなのだという。

本当は3日前から働く予定だったが、自己都合で明日になったらしい。いい加減な奴じゃなければいいのだが……。

最後に店長とマネージャーの堺、そして、とてもお世話になったサブマネージャーの穂積に挨拶をした。

「お世話になりました！　この店での経験は一生忘れません。ありがとうございました！」

それ以上は言葉が出てこなかった。

「玉井さん、ちょっと待合室に来てください」

そう促され、俺は店長と一緒に待合室に入った。

店長から手渡しで、最後の給料をいただく。

「本当は10日が給料日だけど、特別です。12月10日に東京まで取りに来いというのはちょっとかわいそうだからね。ま、今までよくやってくれた。玉井さんは、真面目にコツコツ働いてくれたから期待していたんだよ。できれば残ってほしいけど、仕方がない。仙台に帰っても頑張ってください」

思いがけない優しい言葉をかけてもらい、ジーンときた。

「ありがとうございました！」

何にも知らずに飛び込んだこの世界。

8ヶ月間の仕事の思い出が頭の中を駆け巡る。

目に涙が滲んできてしまった俺の肩を、店長がポンポンと叩きながら言った。

「1万円余分に入っています。私からの餞別だ。元気でね」

「ありがとうございます！　お世話になりました！」

店を出ると、西村と大木、安藤が待っていてくれた。

「さあ、今日は最後の晩餐だ！　玉井の送別会を兼ねてすき焼きパーティだ！」

久々に聞いた西村の号令だ。

男4人で自転車をこぎ、スーパーへ。大木が笑いながら言う。

「今日は、玉井は金を出さなくていいぞ。ただし料理は頼む」

「かしこまりました！」

この返事も今日で最後だ。

「後片付けは私がやりますね」

安藤が渋い声で言った。

新人ボーイが来れば、安藤も風呂掃除から解放されて嬉しいだろう。

寮に戻り、すき焼きをたらふく食べた。

酒は最後まで店から失敬したものを飲んだ。

またしても大木が酔っ払う。

体はデカいくせに、いつも一番先にベロベロになるのだ。

「玉井～、本当に帰るのかよ！　寂しいなあ～」

そう言うと、俺をギュッと抱き締めた。

「大木さんには本当にお世話になりました」

俺は笑いながら大木にお礼を言った。

「そろそろお開きにするか……」

宴会は、いつも西村の言葉で終了となる。

「今まで、ありがとうございました！」

俺は立ち上がって、深々とお辞儀をした。

「明日の朝、早く出ます。皆さんのことは忘れません」

俺はそう言って、忘れないうちに、西村に自転車と寮の鍵を渡した。

大木が叫ぶ。

「元気でな！　玉井！」

「はい！　皆さんもお体に気をつけてください。おやすみなさい」


翌朝、安藤が同じ部屋で寝ているので、俺は電気をつけずに荷物を持って部屋を出た。

西村と大木の部屋からは、大きないびきが聞こえる。

特に西村のいびきは物凄い。かなり太っているので、睡眠時無呼吸症候群が心配だ。

俺は、2人を起こさぬよう静かに歩きながら玄関前まで到着し、電気をつけた。

ぱっと明るくなり、室内の様子が見えた。

この部屋にはもう二度と戻ってこないと思うと、何となく感傷的な気持ちになった。

何せここにはドラマがあった。青春があった。

「お世話になりました」

小さい声で俺は呟き、そのまま寮を後にした。

外は明るくなっていた。晩秋の朝日が俺を包む。力が湧いてきた。今日は自転車ではなく、歩いて地下鉄の三ノ輪駅まで行かなければならない。俺は、できるだけゆっくりと歩いた。周りの景色を楽しむように。

そうだ、俺は未来に向かって歩き出すんだ。

さようならシンデレラ城！　そして吉原！

俺は心の中でそう叫び、吉原に別れを告げた。

新たな人生

仙台に帰って半年が経った。

俺は、井上料理長の下で副料理長兼副店長として、飲食店で働いていた。調理もするし、ホールに出ることもある。

ホールでは、吉原で鍛えられた接客術が役に立っている。

クレーム対応などはお手の物。また、どんなコワモテがのお客が来ても動じることはない。

　何かあればすかさず飛んでいき、お客の目をしっかり見て、片膝をつき深々と頭を下げて謝罪をすれば、まず大丈夫だ。

シンデレラ城では、マネージャーの堺から、「お客様の目を見て挨拶しろ！　心からの接客をしろ！　微笑みながら話しかけろ！」とさんざん言われたものだ。

そのおかげで、俺は今この店で接客が上手いと認められた。副店長という役職がついたのもそのためだ。


仙台に戻ってきて間もない頃は、休憩で寝過ごした夢を見て、慌てて飛び起きるということもしばしばあった。

だが最近では、吉原にいた頃の思い出は、徐々に薄らいできている。

そんなある日、あの大木から携帯に電話が掛かってきた。

「もしもし、大木さんですか？　お久し振りです！」

「おう、玉井！　元気か？　しっかり仕事してるか？」

「頑張ってますよ！　実は、住宅ローンが払えなくなって今は自己破産申請中ですけど、それでも、正社員で採用してもらえましたし、支えてくれる家族もいますから、俺は必ず幸せになります！」

結局、住宅ローンの支払いに行き詰まってしまった俺は、自己破産することを選んだ。

井上のアドバイスもあり、そうすることがベストだという結論に達したのだ。

以前は自己破産など絶対に嫌だと思っていたが、この頃は前向きに考えられるようになっていた。

家を取られてもアパート暮らしをすればいいだけだし、住宅支援機構が多少の引っ越し費用を出してくれるらしい。

それに、借金がゼロになれば、その後は真面目に働けば貯金もできる。

だから、大木に対する言葉は本心から出たものだ。

「そうか……。俺は、今月で店を辞めることにしたよ」

大木は、静かにそう言った。

「えっ！　そうなんですか？」

「ああ。新人は飛ぶし、安藤も辞めた。俺はもう疲れた。それに、マネージャーのプレッシャーがきつ過ぎる……」

いつも豪快な大木が、弱音を吐いていた。

「これからどうするんですか？　次の店は決まっているんですか？」

「いや、しばらくはまたパチンコで生計を立てるつもりだ。シンデレラ城で、少し金も貯まったしな。もし、仙台に行くことがあれば、顔を出すよ」

「そうですか。大木さん、お体を大事にして、頑張ってください！」

「玉井……家族っていいよな！　大切にしろよ。じゃ、元気でな！」

大木はそう言って電話を切った。

バツ2の大木には、実は子供もいる。家族の温かみを知っているのだ。
でも、今はたった1人。
これから大木がどういう人生を生きていくのか、俺には分からない。
それ以来、大木からの電話は掛かってこない。
俺には、家族がいる。俺にとって世界で一番大切なものだ。
こんな俺を支えてくれる。そして頼りにしてくれる。
この幸せに感謝、神様に感謝だ。
ありがとう沙織！　ありがとう寿人！
俺は君達のためだったら頑張れるぞ！

ある日、俺は久々に東スポを買ってみた。
コーヒーを飲みながら、ふと求人欄を見て驚いた。

〈年齢不問、やる気重視給料40万円（シンデレラ城）〉

何と、シンデレラ城の求人募集が出ていたのだ。
思わず、頭の中にシンデレラ城の店内の様子が浮かんだ。

西村が叫ぶ。

「本日のご指名ご来店、誠にありがとうございます。お時間までどうぞごゆっくりお入りくださいませ！」

他のボーイ達も続く。

「いってらっしゃいませ！」

そんな男達のドスの利いた大きな声が、今日もまた、店内に響き渡っているに違いない。

〈完〉

おわりに

シンデレラ城を去って1年以上が経った現在も俺は、飲食店で生き生きと働いている。労働時間は長いが、それなりにやりがいもあるし、吉原でのボーイ経験を思えば何てことはない。

結局、自己破産の申請は通り、アパート暮らしにはなったが、住宅ローンの残債2400万円をはじめ、借金もなくなった。

もちろん車も取られたが、何と妻の沙織が、安い中古車を買ってくれた。実は、沙織にはまだ貯金があったのだ。

自己破産は、あくまで俺だけが対象で妻には一切関係ない。家の名義も、俺個人だったことが幸いした。

ともあれ、毎月30万円近い支払いがなくなり、ずいぶん楽になった。

今では、家なんてさっさと手放す決意をして、もっと早く自己破産をしておけば良かったとさえ思うほどだ。

「はじめに」でも書いたが、この本の内容は個人名や店名などを除き、基本的に全て実話だ。

シンデレラ城で働いていた頃、毎日の出来事をコツコツと携帯にメモし、いつかこの体験を、私小説として発表したいと考えていたのだ。

そして、小説としての原稿が完成した段階で、まずは「優秀な作品は企画出版します」と謳う、自費出版も手がける出版社に原稿を送ってみた。

だが結局、「最終選考までは残ったのですが……」などと言われ、それでも出版したければ、お金がかかるということだった。

とはいえ、お金のない俺には、自費出版など到底無理な話だ。

やはり、素人の書いた下手くそな小説など、出版するのは無理なのか……と、諦めかけていた時、偶然、彩図社のホームページを見つけ、常に原稿をメールで募集していることを知った。

そこで、駄目元でメールに原稿を添付して送ってみると、2週間後くらいに、思いがけない電話が掛かってきた。

「これは実話ですよね？　小説という形ではなく、ノンフィクションとしてなら企画出版したいのですが……」

もちろん俺に異論はなかった。

こうして、小説だった原稿をノンフィクションとして改稿し、彩図社から出版することになったのだ。

「ツイてる、俺はツイてる！」

俺はいつもの呪文を叫んだ。俺の原稿を認めてくれた彩図社の方々に感謝だ。

ぜひ、この本が沢山売れてくれて恩返しができればいいなと思う。


さて、俺は短い間だったがソープランドのボーイという職に就いたことで、ある意味、人生を取り戻すことができたと考えている。

そしてそれは、俺だけに当てはまることではない。

例えば、運悪くホームレスになってしまったような人でも、やる気さえあれば、月に数十万円を稼げるような仕事もあるのだということを伝えたい。

もちろん過酷ではあるが、しばらく頑張ってお金を貯めれば、様々な再チャレンジも可能になることだろう。


最後に、少し偉そうだが、ソープランドで一生懸命働く全てのボーイ達にエールを送りたい。

ボーイ達よ、将来に夢を持ち、頑張れ！

しっかりお金を貯めて、明るい人生を切り拓け!!

【著者プロフィール】

玉井 次郎（たまい・じろう）

福島県会津若松市生まれ。

元々調理師の仕事をしていたが、株式投資にはまってしまい、その結果財産を失う。

東日本大震災後は職も失い、自殺も考えたが、死ぬほどの勇気も根性もなかった。

そんなある日、スポーツ新聞の求人広告を見つけたことがきっかけで、東京・吉原でソープランドのボーイとして働き始め、人生の立て直しを図る。

その当時の体験を書き留め、本書の刊行に至る。

趣味はカラオケ。

座右の銘は「種蒔かずして収穫なし」。

ソープランドでボーイをしていました

2014年 2月19日第1刷
2022年12月 1日第8刷

著者　玉井次郎
発行人　山田有司
発行所　株式会社　彩図社《さいずしゃ》
〒170-0005
東京都豊島区南大塚3-24-4　MTビル
TEL 03-5985-8213　FAX 03-5985-8224
URL：https://www.saiz.co.jp
Twitte：https://twitter.com/saiz_sha
印刷所　新灯印刷株式会社

ISBN978-4-88392-973-3　C0195
JASRAC 出 1316535-301